乡村造物者
新王峪、上王峪村
手工艺人纪事

高星 著

中国华侨出版社
·北京·

目录

新王峪村雪景

看见地域与村域的来路

李睿珺

我出生在河西走廊的一个村子里，这里是我的来处，但我却在离出生地近 2000 公里、一个名叫北京的城市里生活工作了近 20 年。闲暇之余，我偶尔会去北京郊区的村子里转一转、待一待。作为一个在农村出生、长大的人，喜欢去村子里看看，这可能是一种乡村生长基因在身体和心灵上的本能反应。偶尔的走马观花，其实很难对周遭人们的生活及过往做更深入的了解，但是这份亲切是身边的都市森林所无法给予的。生活在曾经作为一个农业大国里的我们，农村是我的来处，农村也是我们很多人的来处。

自改革开放以来，我们逐步进入一个快速迁徙和流动的状态里，尤其是近年来，这种迁徙和流动的速度随着通信工具和交通工具的便利，变得越来越频繁和快捷了。我们依赖流动去获得，时间的概念在某种程度上也因为通信工具、通信方式以及交通工具的改变而不断被"压缩"，从而也改变了我们对人、地域、生活的认知，让一切看似都变得容易、简单、表面和碎片化了。如今，因为智能手机的大量普及，我们的目光牢牢地被手里的通信工具锁定了，各种信息和感知从屏幕中生成，从而让远离乡土的我们，逐渐地削弱了对乡土社会更深层次的体感认知，随之一切逐步变得淡薄了，大家不再完全依赖身体力行去感知和获取对周围的一切认知。因此，让不同地域、不同族群的生活方式，都作为一种被观看的"景观"需要而存在于智能触屏和观者眼球间被手指快速划过。那种切身的、扎实的来自身体和心灵深处，由真实的生命经历和生活体验转化而来的表述也就变得少了，在某种程度上部分感知和表述都是在快速转发、点赞和短促的影像浏览间生成的。我们失去了阅读的耐心，同时也失去了用文字书写的耐心，更是失去了花时间去体悟一切的耐心，我们希望一切是速生的，越快越好。在追求速度、效率以及物质的时候，很多依靠时间而存在和生成的职业便迅速地被抛弃、被遗忘。所以，高星老师的这本书在当下显得尤为重要，他保有耐心地和书里的人、物一起扎根在土地上，静静地观察记录，和他们相处、生活，记述他们生活与心灵的日常。一个作家就像农民陪伴照顾庄稼的生长一样，自然地去收获这一切。也许这些收获在外界看来是没什么经济效益的，自然会淡薄和漠视它的其他价值属性和社会意义。

一个作家身体力行地花很长的时间去记录一个个陌生人的生活状态和他们的内心世界，以及一个村庄和村庄里人们的来处、当下与未来，我想他的价值和意义会随着时间的流淌逐步显现出来。我也是看了高星老师的书，才对这个全国最大的城市周边的乡村有了一个内在和具体的认知，虽然之前我偶尔也会去这些村子里转一转，但也都是从景观的层面有了一点儿浅薄的外在认知。高星老师的这本书详细入里的记述，让我第一次重新认知了这个我工作生活近20年的北京以及这个地域的另一个维度。书里人们的过往，似乎都能在我远在2000公里外的故乡找到相似的对照。那些耕作的方法，以及人们应对变化的困惑与豁达几乎都是一样的。在某种程度上讲，同一群体的命运大致也是相似的，乡土世界人们的命运更是如此的相似。就像那些种在地里的庄稼一样，它们都需要人们的精心呵护和照料，它们都需要浇水、施肥和除草，不管在哪里它们都会有相同的成长经历，虽然地域不同但很多事情大致是相似的。但恰巧就是这些在某种程度上看起来无意义的，在漫长的自然时间和日常生活中生成的人和事如同那些不被注目的庄稼一样，在他们身上照见我们的来路，同时也在滋养着我们的当下与未来。

李睿珺：编剧并执导以北方农村为主题的电影《隐入尘烟》，入围第72届柏林国际电影节主竞赛单元。

山上山下

贾廷峰

从北京四环往北四十多公里处，有一个三面环山一面临水的幽静之地——怀柔大杨山国家森林公园，公园内湖的名字叫鸿燊湖，山上的村落名叫上王峪村，山下村为图吉利名叫新王峪村。我的家和高星的居所相隔鸿燊湖，我住山上，他住山下。他家是我回家路上的必经之地。

高星搬来新王峪村也就两年多时间，与当地老百姓打得火热，几乎上下两村的稍微有点儿一技之长，或是有特点的人都被他做过访谈，他不厌其烦地、兴致勃勃地采访了一个又一个两村中的能人。这里边包括种庄稼的能手、种菜的专业户、装修工、电工、焊工、养猪、养蜂、养驴的，其中还有我三个朋友，擅长烤全羊的杨山、包工头马继宝、放羊的马松。高星用极其朴素的语言与他们拉家常，一五一十地讲述了这些人物生活中的点点滴滴，将这些琐事、趣事、乐事如数家珍地娓娓道来，他的描写丝丝入扣。

高星与笔下的人物促膝谈心，他不仅是个聆听者、观察者，同时也在交谈的过程中对这些生命经验感同身受。他的文字描绘的灵魂与故事，在平淡的岁月里，透着人间的温暖和关爱。高星细心地捕捉着这些百姓的喜怒哀乐、悲欢离合，听村里干部说，这两年春节，他包揽了村民写春联的活儿，要写上好几天，他为村里做了许多公益，为此村委会还给他颁发了"荣誉村民"的光荣称号。

上王峪村与新王峪村虽然只是大北京的一小角，但对于喧嚣的都市来说是万分难得的一方幽静灵秀之地。在高星身上，我看到了这个时代早已消逝的士大夫精神与人文关怀，曾经那种对田园生活切身的感受与体察，那些笔下流出的带着麦田草木芬芳的文字，和那些几乎能吹拂阅读之人心灵的山间微风，都在高星的字里行间，通过他的书写被重新复活。

　　高星作为这片土地的来客，经过两年的生活，已与这片土地建立了深厚的链接，此处虽非故乡，但他仍旧对这片土地爱得深沉。举目四望是绵延的青山，不远处是广阔的湖面，在这一方天地间，都市的喧嚣与人生的嘈杂也仿佛离我们远去。这片土地上的人们，质朴、单纯、憨厚、可爱，高星的文字能够记录下这些"种豆南山下"的朴素心灵，我由衷地为他们感到高兴。

　　山不在高，有仙则名，水不在深，有龙则灵。在这个山水之间，谁曾想有这样一个热心为人民造像、心怀悲悯、情怀朴素的人？

　　　　贾廷峰：太和艺术空间创始人，著名艺术策展人、评论家，现居住在上王峪村。

我们村的景物

马滢

序，一般是作者请知名的人士来写，以提高作品声望，但高星却找到了寻常的我。

高星，村里人多数喊他老师。我俩都是壬寅虎年出生的，他的生日比我稍大点儿，我有时喊他老师，有时喊他老兄。

我和高星是这样相识的：2022年初春，我回到老家北京市怀柔区桥梓镇新王峪村，村子位于燕山山脉的浅山，是我出生和长大的地方。村里一个能说会道且喜欢交朋好友的侄子说给我介绍一个才来到村子里时间不长的北京城里人。就这样，我便和高老师相识了。

初见高星，只见他满头乌发飘逸近肩，不大像人民保险这种国企单位的体制内的工作人员，倒像是个独立行走社会的人。更让我惊讶的是，他的屋里全是书，这是我第一次看到的个人藏书如此之多的实景实物。后经接触，发觉高星谦虚、热情、好客，于是接触、交往、聊天儿就逐渐多了起来，并相互添加了微信。

一天晚上，"嗞儿"的一声微信提示音响过后，我随即打开手机，一看是高星发来的，是他采写的老家的村里人耕田种地的一篇小文。文中既有写实，又有抒情。写实写得接地气、抒情抒得满胸怀。即使我这个生于斯、长于斯的本土人，也未必能把村里的乡情村趣描写得如此亲切、真亮。

之后，高星每采写完一篇反映我们村风土人情的文章都会发给我，并谦虚地说"请提意见"。我哪敢提意见！每次接到他发过来的文章，我都会认真读、仔细看，且不止一遍。

现在，高星要把他采写的小文集结起来，出版一本叫作《乡村造物者》的书。每当读起来的时候，就会深切地感受到高星对这片土地和在这片土地上生活的乡亲们的深情厚谊。

这本书中的每一篇小文，都选择一个在新王峪村或邻村具有代表性的主人公，描写他们在这山谷里的真实生活和过往的情感历程，有放羊养驴的，有种地种菜的，有瓦匠木匠石匠，涉及五行八作，涵盖农林牧副渔，每一篇都有精彩的语句。

为了使内容更生动，每篇小文都配有照片，照片都是抓拍的精彩瞬间，却凝固了主人公的永恒风采。更值得称道的是，文后还附有相关行业的技术资料，读了主人公的故事后，还顺便了解了相关的手艺。

我好长时间不解，一个从未在农村生活工作过的人，怎么能够把一个小山村的风情写得如此具有乡土气息！后来，我在他的文中找到了答案，这便是他自己写的前言的标题"新王峪村与北京城的距离就是我与土地的距离"。如果不喜欢那个小村子的山水、不热爱那村子里的土地，应该说不出来如此饱满的情深意切的话，也写不出来那些充满着乡土风情的文章。

在他满是书籍的房子里，摆放着一个做工精巧的"荣誉村民"标牌，是村党支部、村委会发给他的。这是村集体也是村民们对他的褒扬。

我不光喜欢读他的文章，更以他是我从小长大的小山村的"荣誉村民"而倍感高兴。

写序的我属平凡人，但高星的这部书真的值得一读。

盼望今后能够读到高星在他热爱的这个小山村里，写出的更多的作品，以飨这里美丽的山水和淳朴的村民，当然还有喜欢高星作品的热情读者。

马滢：怀柔区泉河街道办事处退休干部，新王峪村原住民。

新王峪村鸟瞰

新王峪村与北京城的距离就是我与土地的距离

高星

一、缘由

2008 年，我所在单位从北京西交民巷搬到圆明园附近的万春园。当时，由于办公室里多年来积攒的东西繁杂量大，不能全部搬到新址，而我在西直门的家空间狭小，满屋堆积着各种物品和书籍，已经下不去脚了。因此，一些原来存放在办公室里的东西，被我放在了丰台北大地的母亲家里。

2016 年，我单位又从圆明园附近搬到西单十字路口的时代广场，又有一些存放在单位的书籍和收藏需要找地方"安家"，这次它们被我转移到了朋友在郊区的库房。

2021 年，随着我退休的时日越来越近，我在西单办公室又归整出来一些书籍，被我运到了母亲的旧居。原来放在朋友库房的东西，由于库房要拆迁，也被搬到了母亲的旧居。我的这些收藏与书籍使得这里拥挤不堪。

在就要"船到码头车到站"的同时，我开始寻找退休之后的人生归宿。许多人都在猜测我彻底自由后，会找个工作室，可以干一番事业，甚至有人猜测我会成立个文化公司。其实，我是着急找个仓库，给这些书籍和藏品找个落脚之处。

宋庄成为我的首选，那里的许多朋友都给我介绍了工作室。但那里的小产权工作室将会被拆迁的说法一直不绝于耳。因此，我始终也没有下定决心，甚至都没有去看过。

后来，高碑店、香山、首钢、黑桥、费家村等地，我也都托亲朋好友介绍过，但这些地方不是环境不合心、面积不合适，就是费用太高，阴差阳错，给书籍和藏品找落脚点的事情并没有变成现实。此事一直拖到了临近退休之年，朋友提醒说，再不找好，连装修的时间都没有了。

2021 年五一假期，我因疫情不能出京，在家写字的时候，想起了朋友李野夫，我知道他住在昌平上苑附近，便给他打了个电话说了我的诉求。我印象中上苑也是一个艺术村落，其实，李野夫是住在属于怀柔区的桥梓镇的上王峪村。他说他家附近有个有宅基地证件的农家院正在出租，我一下动了心，便驱车前往察看。

这个院子坐落于怀柔区桥梓镇的新王峪村，院子里有两栋老式民居的房子，灰瓦密布，两边翘起高高的山脊，还有小烟囱和砖雕的装饰，粗大的房梁和柱子散发着松木的香气。院子中间东西方向的一道墙，将院落分为南、北两个小院，北院有一片菜地和葡萄架，南院左边有一棵杜仲树，右边有一棵香椿树，两棵树长相繁茂。在院子里可以看见距院门近 200 米的山及山上葱绿的树木，在屋里透过窗户可以看见夜晚的星辰。

其实，如果天空晴朗，从我位于西单楼上的办公室向北一眼望去，视线的尽头有一座如龟背的山头，位于北京城中轴线的东侧。原来，这个农家小院就在我从办公室就能遥望到的那座山下，这可能就是命中注定的归宿吧。这个农家小院可以让我告老还乡，解甲归田了。按李野夫讲，这是开始一种新的生活。

在保留小院原有屋架和布局的基础上，我对房屋进行了简单的装修和改造，并拉来了 7 车书籍和物品。2021 年 10 月，我搬到小院后不久，就迎来了一场纷纷扬扬、飘飘洒洒的漫天大雪。一时兴起，我写了一首诗：

> 在乡下的居室　我看到
> 许多读不完的书
> 许多没地打发的旧物
> 还有许多可有可无的朋友
>
> 在乡下学习庄稼和蔬菜
> 更容易感受夏天的热浪和冬天的冷风
> 山就在窗外　生活从头开始
> 全是充满具体的画面

我家院落雪景

平日里人的自信与忘我

来自生命与时间的重合

但偶尔的呼吸困难

让我怀疑自己是否身在其中

打开院门，对面的山扑面而来；透过书房的窗户，即可看到山顶上飘浮的白云。为求完美，我给小院取名"半月山居"。

二、村名

无论到什么地方，我都会有刨根问底的习惯；无论在哪里，我都会把自己当成那里的人。不是入乡随俗，而是对这片土地爱得深沉。我买了一堆和怀柔有关的书籍，对怀柔、桥梓和新王峪有了进一步的了解。

"怀柔"一词，最早出自《诗经·周颂·时迈》中的"怀柔百神"的诗句。另一部古书《礼记·中庸》中有"柔远人则四方归之，怀诸侯则天下畏之"的说法。唐代诗人杜甫也有"九重思谏诤，八极念怀柔"

我家院落晨曦

的诗句。总之，"怀柔"的意思是招来安抚。"怀"是来的意思，"柔"是安抚的意思。"怀柔"这两个字放在一起，就是以德施政、交融发展之意。

早在唐太宗贞观年间，开始设立怀柔县。1368年，明朝设置的怀柔县与今天的怀柔区管辖范围基本相同。1928年民国时期，废各道及京兆，改直隶省为河北省，怀柔县属河北省。1958年，怀柔划归北京市。

桥梓镇地处怀柔区西南部，东与庙城镇为邻，南与顺义区北石槽镇邻界，西南与昌平区兴寿镇接壤，西与九渡河镇毗邻，西北与渤海镇相连，东北与怀柔镇相邻。20世纪50年代末60年代初，中国广大的农村开始推行合作化，随后组建成人民公社，现在的桥梓镇当年叫茶坞人民公社。后来，随着我国农村改革的不断深入，农村的人民公社改制为乡镇，茶坞人民公社即更名为茶坞乡。再后来，茶坞乡政府搬迁到了桥梓村，即改名为桥梓镇。桥梓字面意思为父子之意。地名有说来自村中五楸观，庙中有石桥和梓树，故称"桥梓"。史籍有乔子、桥子、乔梓等名称记载。

上王峪村与下王峪村为桥梓镇所辖，东北距怀柔城区30华里，东南距桥梓20华里。这里西与昌平山连山，南与顺义地连地，素有"鸡鸣三县"之说。

早在清朝初期，就有来自山西洪洞县大槐树驿站的王姓移民自河北孤山迁移至此。随后，又将孤山尹家府村的其他姓氏族人介绍来此落户，逐步形成村落。因最早来此定居的人家姓王，此地得名王家峪村。

有传王氏先祖是石匠，因此地产的花岗岩是不错的石材，才在此落户；也有说王氏先祖因为逃荒要饭，来到山坳深处，故在此安身；还有一种说法，村子朱姓是清末来此看护王爷坟墓的后人。

据村民王文华讲，最早时，有王姓汉子挑着一副担子，两个筐里分别是他的两个儿子，来到此处，扁担一放，筐子分出东西，东边筐子里的儿子住在了东侧，西边筐子里的儿子住在西侧，两兄弟自然分了家。也就是后来的街前为上王峪，街后为下王峪。

历史上，王家峪村由上王峪、下王峪、上铺、西新坡、老窝坟等几个自然村组成。1959 年 11 月，政府修建沙峪口水库，下王峪村迁移到水库大坝外老窝坟西侧，为求吉利，改称新王峪村，上王峪地界统称上王峪村。

上王峪村和新王峪村形成两个行政村，人们有时为了方便，还是俗称两个村子为"王家峪村"。

上王峪村除了有王姓大户，还有两大姓氏，一是石门沟的黄家，二是大涧迈家，其余有上铺的张家、左家及西新坡大石峪的赵家等。新王峪村王姓一支不如上王峪村王姓人丁兴旺，在村里成为小姓。村里赵、马、朱、王成为四大姓，其中马姓又分东马家、西马家。

三、传说

不论是书籍，还是村民，都有讲述王家峪村及周边地区与北宋杨家将抗击辽兵有关的故事。故事虽为演绎，但不乏有趣且符合情理。

据传有一年，杨六郎率部攻进王家峪村谷口，杀死辽兵不计其数，尸横遍野，血流成河。但辽兵太多，寡不敌众，杨六郎择机而退，留下部分遗迹。

"杀进口"：与新王峪村毗邻，是沙峪口村的原称，因杨六郎曾率兵由此杀进王家峪沟谷内得名。

"流血胡同"：位于新王峪村南山下。相传杨六郎在此大战辽兵，血水将平地冲出一条沟，故名。

"逃出口村"：是昌平的桃峪口村的原称。相传杨六郎从此口逃出辽兵阵地，故名。

"马刨泉"：是昌平爆峪泉的原称。相传杨六郎到此人困马乏，马在此地刨出泉水，供人、马饮水解渴。

"马尿石"：上铺北山花儿岭上的南天门，有一片连山石，石上有四个清晰的如马蹄踩踏过的痕迹和马尿冲刷过的印痕。据传，这是杨六郎的战马所留。

"箭口豁"：位于上铺西山上，是杨六郎见辽兵穷追不舍，拉弓射箭。他有意射低，将山脊射成一个豁口，辽兵见此，称杨六郎是神人、天马，从此不敢轻易进犯。

"六郎旗顶"：位于新王峪村东的平义分村西北，相传是杨六郎插军旗的小山头。

"马鞍石"：位于上王峪村的花儿岭东面，山梁上有一块巨石，是穆桂英歇息的地方，穆桂英曾在巨石上晒马鞍，故称。

"将寇岭"：位于上王峪村北的大杨山、小杨山之间。相传穆桂英为解救杨六郎、杨七郎兄弟俩，一路北上，在此横岭跨越。

"堡定山"：上铺村南的一块山地，传说是当年杨六郎一箭射穿，这支箭落到一块平地上，故名。

"大共嵘"：位于上王峪村东的高山上，由两块巨石构成一块悬崖峭壁，它坐东朝西，上面有一道垂直的裂缝，通过日照，可以显示时间。当阳光普照整个石面时，正好是中午 12 点整。

因为真实的历史是杨家将根本没有到过京北地区，因此这些牵强附会的地名与传说，一方面体现了民间百姓对杨家将传奇的偏爱和尊崇，另一方面也体现了山区贫苦的人们对英雄传说的钟情和历史虚无主义的自慰。

四、古迹

据村里老干部马河撰文讲，1985 年，村民朱品章在村前荒地挖沙子时，挖到疑似化石遗物。他当即报告村委会，后经县文物管理所聘请的专家鉴定为古象牙化石。该化石直径 0.23 米，长 2.3 米，现存于怀柔区博物馆。古象牙化石的发现，足以证明新王峪村一带在远古时期气候温暖、雨量充沛、植被茂密，属热带雨林气候，适合大型食草动物生存。

上王峪村北山梁上有黄宝峪古刹遗址，为北京广济寺下院，现早已成为遗迹。

新王峪村民赵永文向我介绍，村子临街的住房处，最早叫"下坟上"，是过去的坟地。有一年在村民赵永祥家房后头曾挖出一块墓志铭。

原来这里是明代武德将军王斌的墓地，据出土的明宣德六年（1431）的墓志铭介绍，此地在明代称为"顺天府昌平县安仕里日照院沙峪口村平台山前"。

武德将军姓王名斌，正千户，生于元代至正丁酉年（1357）。病殁于明代永乐十一年（1413），享年56岁。祖居河南汝宁之罗山韩凌乡。正千户，为明代卫所官职，正千户一人，官职为正五品，所属卫所为千户所。

墓志铭记载：

天兵克汝宁，先率部曲来归附，隶籍金吾左卫后所骑士，年老疾废，其子通代役事发，广西南宁公代为骑士。

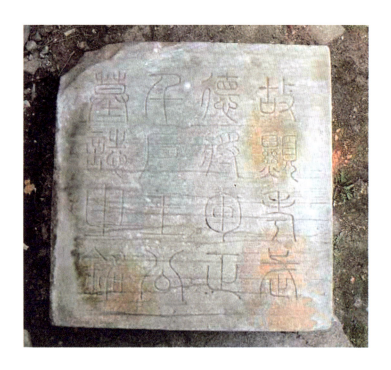

明代武德将军墓碑

洪武三十三年（1400 年）以征战功，充戎伍队长，又以征永年、蔚州大同、济南功，由百户（正六品），升副千户（从五品），后升指挥佥事，正四品。

王斌本姓陈，本由桂娃经历，今桂氏有后代。永乐三年，恢复王姓，乞求减掉自己两级，还给桂氏职役，遂改为正千户。后随都督刘江，辽东备御，还至北京以疾终。

终前还告诫其子：毋骄奢、毋贪虚荣。

其子王璘，世袭父职，授锦衣卫正千户，正五品，为亲军扈跸，朝夕给事于中，出纳帝命。王璘有子七人。

王斌以后的王氏家族子孙，在此下葬六七辈人。王氏起自河南汝宁，河南的风俗是家族集中墓葬，所以王氏进北京之后，所选的墓地依然是家族墓葬区域。

王斌墓地前有高台，当地老百姓称为"月台"或"台上"。月台前，为古代看坟的庄户，古称"坟奴"，姓朱，如今村里还有朱姓后人。此地最早的起源就是王氏老坟，多以老地名叫"老坟窝"。因为坟地周围的围墙，用白色的石灰粉刷过，所以周围老百姓，也叫此地为"白将军坟"。如今遗址全被毁，只有坟前的月台还隐约可见。

五、风水

我租住的院子后面是大佛山，山上有条瀑布。院子门前有象鼻山和一片栗子果林，一条长长的河渠从院门前流过。院子位于山间的河谷地，无人机拍摄的鸟瞰图，清晰可见四面环山，进山曲径通幽，山中瑞气浮旋，出山即为平原，望远开阔无限，应是风水不错之地，难怪明代武德将军王斌的家族墓地选定于此。

此处属燕山山脉，四维高山重重，中间忽然展开堂局，局中下一长蛇脉，古称"龙岗子"，穴在岗前侧看龙岗子结穴，巨门星为祖山，左右开肩展面，中抽一长乳，腰部结穴。古代寻地，常常沿着溪水前行，入山先须观水口，如果城门四周关拦，狮象守水口，其中常有真龙结作。

2021 年 11 月，风水专家陈益峰等人在此考证武德将军王斌的家族墓地风水，后著文：站在穴后，鸟瞰明堂和水口，水口高张、紧密、蔽塞、重叠，溪水回转。所喜者，三门宽阔；所求者，五户闭藏。王氏能够看中此地的主要原因有两个：一是局势好，五户闭藏；二是龙脉明显，非常兴旺。

新王峪村民马滢说，"龙岗子"在这里几代人的通俗叫法是"龙埂"，这个地势非常形象。糟糕的是，自20世纪60年代末至70年代上半叶，在"农业学大寨"的运动中，龙埂因平整土地热潮而被队里的社员平整成规格各异的梯田，但大概轮廓还能看得出来。到1984年，因修建大秦铁路，重型机械云集王家峪，将龙埂挖掘掉用于填垫铁路路基，龙埂变成如今惨不忍睹的模样。

其实，山坳、河流、道路都是随山宛曲，所有的曲线都是曲径通幽，都是八卦图形、音乐舞蹈绘画魅力，当然这是风水的说辞。

六、地理

上王峪村和新王峪村均在王家峪沟内，该沟主沟长6.6公里，其中有支沟长脖峪、墙峪、大桂峪、石棚沟、头峪等43条，支沟与主沟呈枝杈状分布。王家峪沟地处浅低山丘陵区，地势西北高，东南低。

上王峪一带谷地狭窄，山体风化严重，土层瘠薄。村北黄白玉北山、南台东山均海拔615米。新王峪以下谷地较宽，土层较厚。最高峰大杨山海拔859.3米，最低点位于沙峪口下的二峪，海拔70米，相对高差789.3米。

该沟地质情况复杂，东西为紫色砾岩，中间夹灰岩，东南有基性花岗岩丘陵，北为花岗岩低山。新王峪村是花岗岩侵入体和古老沉积岩交界处。该沟有云母、钨矿。

土壤贫瘠，为耕种型中壤质洪冲积物质淋溶褐土。

无霜期180天，年降水量700毫米左右。

白浪河贯穿谷中，源于上铺西，至顺义境汇入北运河，出露泉水22眼，其中沙峪口大水泉流量18升／秒。

上王峪村植被多为杨、榆、荆条、酸枣、蒿类及果木。

七、灾害

王家峪地处山区，地形复杂，靠天吃饭。历史上有各种灾害侵扰，有洪、雹、虫、风、旱灾为甚。王家峪长坡陡，遇暴雨易引发山洪及泥石流灾害。该沟处于雹源凤驼岭雹云一线，雹灾较多。

1709 年，据《光绪昌平州记》载，康熙己丑年秋（1709）中记载，桥梓发生蝗灾，留有"飞蝗接翼长天蔽，青青禾稼一朝空，如蚕食桑响如风，万民嗷嗷向天哭"的描述。

1900 年，此地发生洪灾后，瘟疫流行，死亡多人。

1922 年，王家峪发生蝗灾，粮食无收。

1939 年，王家峪沟发生特大洪水，洪水顺沟而下，坎阶全部被冲毁，损失惨重，粮食果品大幅减产。

1949 年，王家峪村发生虫灾，粮食大幅减产。

1962 年，春夏大旱，王家峪村粮食减产。

1971 年，发生旱灾，沙峪口水库接近死水位，村民未能按时播种，粮食歉收。

1972 年，上王峪遭遇特大暴雨，鸡冠山发生山体滑坡，泥石流冲毁上铺猪圈，生猪数十头失踪，民房多处被毁，沙峪口水库水位暴涨，溢洪道迅即出水，淹毁庄稼林木。

1972 年，上王峪遭特大风袭击，林果损失严重，仅柿子减产 2 万公斤。

1980 年，上王峪遭遇历时 30 分钟的雹灾，农田被砸毁，小麦损失严重。

1990 年，上王峪遭受特大风灾，林木损失严重。

1995 年，上王峪发生洪灾，洪水冲毁果树 120 余棵、土地 7 亩，经济损失 30 万元。

2010 年，倒春寒灾害，致使新王峪村的柿子树、枣树、核桃树等冻死，损失惨重。

八、抗日

王家峪村位于山坳深处，村西北山连山通向桃峪口、赵家峪、大杨山百合村、四渡河等村，只有山间羊肠小道，交通闭塞，便于隐藏。村子东南是京北平原，好进好出，便于突围。在行政设置上，这里当时是河北蓟密行政督察专员区与北平昌平、顺义区的交替地带。有利的地形，优越的自然环境，使这里成为抗日战争、解放战争时期我军的老根据地，青山绿水孕育了红色血脉。

1937年"七七事变"以后，王家峪村第一次来了共产党人。滦平根据地派八路军代表徐达天、甄山水秘密进驻王家峪，发展共产党队伍，宣传抗日思想，开辟抗日武装战线。在"滦昌怀"办事处成立后，老十团政治部主任方成、书记秦城带连队到这里开展革命活动。1942年，王家峪建立了第一个中共党支部。尹福琨任支部书记，赵成任副书记，王炳先任游击小队长。随即，村武委会、农会等组织相继成立，开展减租减息斗争。在党的领导下，全村民众团结一心，英勇抗日。从此，王家峪成为巩固的抗日根据地。

当时，驻平义分村的日军和伪军，强迫周围村庄给他们送情报。王家峪的村民用假情报与敌人周旋，有的村民为此挨打，惨遭暴行。

1943年冬，党组织采取果断措施，指挥王家峪村民断绝与日军及其伪军伪政权组织的联系，不再给其交粮、纳款、送情报。将村民转移到山上去，掩藏好粮食和物资，并安排站岗放哨，岗哨就设在沙峪口村北的狐狸山上。如果有敌情，发现敌人来得少就抵抗，来得多就转移，与敌人周旋，斗争形势非常残酷。

抗日战争期间，八路军在怀柔一带没有后方医院和固定卫生所，伤病员只好寄托在老乡家里休养。王家峪村勇挑重担，积极安排救助伤员，宁可自己受苦受罪，也要保护好伤病员，并安排民兵日夜站岗放哨。因此，没有一个伤员受到损失，愈后都返回了战斗岗位。

同时，王家峪村成立了民兵中队，下设民兵分队和游击小队。1944年春，县干部带领全村民兵出动，秘密来到平义分村外，切断敌人电话线，有效打击了敌人。

抗日战争期间，昌延联合县、滦昌怀联合县、怀顺联合县的县区政府人员，以王家峪村为根据地，向山外开辟革命道路，辐射发展根据地建设。到1945年8月日本投降时，解放区向东已经发展到顺义的营尔、寺上、去碑营及顺义县城周边村庄，往南发展到板桥、高丽营、鲁滩营、大小官庄等80个村庄。

解放战争期间，王峪村村民积极参军、参战、抬担架、做军鞋、交公粮、购买军用物资等，为北平解放做出了重大贡献。

九、参军

我在接触上王峪村、新王峪村的村民时发现，许多人的父辈是军人，有的还是兄弟一起参军，他们大多是 20 世纪三四十年代参军的。在抗日战争、解放战争及抗美援朝战争中，王家峪村 117 户人家中一共有 110 多人参军。

他们大多是在怀柔当地参加抗日战争，然后在解放战争中南下，有的还参加了渡江战役；中华人民共和国成立后，他们又马上北上，到朝鲜参战，50 年代才复员回乡。

新王峪村共有马普泉、马井泉、刘英、朱成瑞、张广善五位烈士。上王峪村有王丙治、王丙利（1976 年牺牲）、吕士洪、张万福等烈士。他们有的是县人民武装部部长，有的是班长、司号员，但大多是普通战士。

这些军人虽然文化程度不高，但理想单纯，信念坚定，有着一种视死如归的意志。他们复员后，大多数成为普通的农民，极个别者当了村干部。

如今，先前军人留下的传统，依然影响着村里的风气，比如浓烈的爱国情怀，比如踏实稳重的作风，比如重义气、服从指挥的品格。

新王峪村革命烈士纪念碑

2022 年 11 月，新王峪村为弘扬红色村史，特在山上竖立了"新王峪村革命烈士纪念碑"，我受托撰写了碑文：

忠骨桑梓，英名浩荡。

革命烽火，点燃山村。党的组织，秘密建立。抗日战争，踊跃参军。解放战争，支援前线。王家峪村，众志成城。同仇敌忾，浴血奋战。站岗放哨，救助伤员。赴汤蹈火，与敌周旋。前仆后继，做出贡献。

大杨山脉，巍然屹立。白浪河水，长流不息。红色历史，山河壮丽。日月同辉，感天动地。英烈殊勋，名垂青史。特立丰碑，永不忘记。

纪念碑后埋有五位烈士的忠骨：战士张广善，1929 年出生，1947 年参军，1948 年 5 月在怀柔怀北庄牺牲；战士马普泉，1923 年出生，1941 年参军，1943 年 6 月在昌平黑山寨牺牲；班长马井泉，1920 年出生，1945 年参军，1946 年 11 月在怀柔史山牺牲；班长朱成瑞，1921 年出生，1947 年参军，1948 年 10 月在怀柔史山牺牲；司号员刘英，1930 年出生，1947 年参军，1948 年 3 月在内蒙古多伦牺牲。

十、村政

1947 年夏，河北、承德、张家口一带军事形势好转，政治环境稳定，冀热察区党委召开土地改革会议，布置开展土地改革工作。

1947 年 8 月，作为革命根据地的王家峪村，在区工作组和村干部组织领导下，顺利进行了土地改革。按人均分配土地，每人有两亩半地。地主、富农多余的土地分给贫雇农及下中农，中农不往外拿土地，也不分得土地。

1949 年，开展生产自救及识字教育。

1950 年，相继搭伙组建互助组。

1952 年，茶坞地区试办农业生产合作社。王家峪村逐步土地伙营，农具伙用，经济上合作，集体生产、打井、修水渠、播种。

1956 年，桥梓办起光明高级农业生产合作社。

1958 年，随怀柔一起划归北京市政府。桥梓建八一人民公社。县里规定，社员房子暂归社员所有，地主富农的房子可采取征用。社员家庭中可以保留小型副业，如猪、兔、鸡等还可以养，但数量不能多。社员个人的生活用品、用具，也归个人所有。屋旁、水旁、道旁零星闲散土地，农民可以利用，谁种谁得，自由支配。

1967年，"文化大革命"期间，茶坞造反派成立红岩公社，开展抓革命促生产运动。

1968年，茶坞公社成立革命委员会。

1974年，开展"农业学大寨"运动。上王峪村有四个生产队，上铺自然村有一个生产队。新王峪由于村小户少，没有细化生产队，划分了三个生产组，其中两个农业组、一个林业组。

1984年冬，王家峪生产队开始实行联产承包到户，实行土地评产量，果树评价，经社员代表小组评产评价，牲畜、车辆作价抓阄分到户。土地以产分到户，果树以价分到户，以树带地，果树划分成三片，劳动效率大大提高。

1984年，王家峪村撤社建乡。

1984年，生产队解体，除固定资产外，其他生产资料全部按人均分。

1987年，村里实行土地联产承包责任制，每人分得0.4亩土地，折价55元的果树，村委会收取果树提留款。

1998年，土地二轮延包，30年不变，村民生产积极性高涨。

1998年，上王峪村第一次引进了旅游开发项目。

2003年，国家免除农林特产税，种地给补贴，调动了农民的生产积极性。

2006年，政府鼓励农民嫁接大枣，几年间，全村嫁接大枣数十万株。

2010年，新王峪村经济合作社与泽金公司联合开发了鸿山湖别墅区，该别墅区于2021年被拆除。

近年，开展旅游和村庄建设。上王峪、新王峪村被评为"市级民俗旅游专业村""市级卫生村""怀柔区级文明村""首都文明村""市级生态民俗旅游村"等。

十一、水库

王家峪沟谷南北两侧山坡陡峭，岩石裸露，植被覆盖差，土壤涵水能力低，汛期山洪对下游顺义区北石槽镇十几个村庄和农田威胁很大。

1959 年冬，当时的顺义县委为拦截白浪河的洪水，消除洪水对下游村庄与农田的威胁，保证新建的京密引水渠安全，开始组织民工在王家峪修建水库。清华大学水利勘测设计院设计的水库坝址，原来在王家峪与沙峪口交界的沟谷进口处，但在勘探时发现坝址东侧的狐狸山山体布满岩石溶洞，渗漏严重，故将坝址上移至现坝址。由于申请、设计、报批时使用的名称均是沙峪口水库，如若更名，涉及很多环节，为便于推进工作，移址后的水库仍叫沙峪口水库。

1960 年 5 月底，沙峪口水库建设基本完工，国家总投资 54 万元，混凝土工程总量 23.8 万立方米。水库大坝为黏土斜墙坝，坝长 170 米，最大坝高 25 米，坝顶宽 4 米，坝顶高程 101 米。坝顶建有放浪墙，坝基为花岗岩，覆盖层深达 6 ~ 12 米，坝基凿槽用黏土回填，并建有混凝土截水墙。水库流域面积 16 平方千米，总库容 780 万立方米。输水涵洞设在东坝头，长 122.5 米，内径 0.7 米，钢筋混凝土压力管，最大泄水量为 2.8 立方米每秒。溢洪道为敞开式单孔，孔高 8 米，堰顶高 96.5 米，最大泄洪量为 117.5 立方米每秒。年灌溉面积 6900 亩，装有 50 千瓦发电机组一台。

沙峪口水库淹没了上王峪村 900 亩耕地和大面积经济林，每年收果上千斤的数十株梨树也被淹没。王家峪从自给自足的富裕小山村变成每年需要吃国家返销粮的穷村。为了弥补村民损失，怀柔水利局承诺，上、下王峪对水库水面有经营权，原则上可以放养、捕捞。原居住库区的 98 户、共计 500 人迁居，在距水库 98 米高以上区域盖新房建村，安置房每间补贴 450 元，原拆房每间补贴 220 元。

当时，村里劳动力奇缺，青壮年男女大多数参加密云水库、怀柔水库、北台上水库、京密引水工程的建设。妇女和 50 岁以上村民，在村里承担种地和移民、建房的艰巨任务。

1960 年 6 月，顺义县政府将沙峪口水库移交给怀柔县政府管理。1960 年到 1985 年，水库多次加固维修，加固主坝防浪墙，扩建溢洪道，修建坝坡等。

2004 年始，水库实行农业灌溉水免费。

由于水库占地及水土流失，政府出台了环境保护、退耕还林、限养

沙峪口水库碧波
荡漾

大秦铁路线从上
王峪穿过

牲畜、禁止捕鱼等政策，这些都给村民生产、生活及经济结构和消费带来巨大变化。

十二、铁路

大秦铁路是中国第一条全自动电气化铁路，西起山西省大同市煤矿矿区，东至河北省秦皇岛港，横贯山西、河北两省北部和北京市中部，是我国开行的第一条重载单元列车铁路，也是我国第一条双线电气化重载运煤专线，同时也是中国现代化水平最高的货运铁路之一。

大秦铁路，平均每12分钟就会开出一趟重载列车，每列载煤2万吨，年运量最高突破4.5亿吨，创下了世界单条铁路重载列车密度最高、运量最大、增运幅度最快、运输效率最高等多项世界纪录。

大秦铁路于1983年进行勘察设计，于1984年动工建设，于1992年全线竣工运营。

截至2011年1月，大秦铁路西起韩家岭站、东至柳村南站，线路全长653千米；货运站点37个；列车重载运营速度80千米/时，最大牵引质量2万吨。

大秦铁路在上王峪村西建有摩天岭隧道，全长2458米，跨越昌平、怀柔县界，在新王峪村西建有下王峪隧道，全长195米。

由于铁路占地，1988年，村里第一次安排200多人农转非，缓解了生产生活压力。农转非的村民，大多被安排在位于庙城的怀柔县钢丝绳厂工作，也有的在大秦铁路工作。铁路对村民建房、种植、放牧都具有影响。早年，在靠烧煤取暖的时代，村民沿线取煤也成为这里的一大特色。

十三、农业

据1993年版《怀柔县地名志》记载，当时上王家峪村农业情况如下。上王峪村耕地122.8亩，其中水浇地48.5亩。农机总动力293.7千瓦，有大型拖拉机2台、小型拖拉机1台、载重汽车1辆。主要种植玉米、小麦、谷子、豆类，年产量2.8万公斤，产值9.5万元。果林1329亩，年产柿子、杏、梨、红果等干鲜果品7.25万公斤，其中柿子最负盛名。林地面积2115亩，其中林材690亩、防护林255亩，林木覆盖率11%。木材蓄积2327立方米，林果产值10.1万元。有户养大牲畜、猪、鸡等，畜牧业产值13.3万元。全年各业总收入84.9万元，纯收入56.1万元，人均收入1404元。

新王峪村有林地1815亩，其中果林1395亩，林木覆盖率29%，木材蓄积量299立方米。耕地69.1亩。农机总动力422.6千瓦，有大型拖拉机2台、小型拖拉机1台、汽车2辆。主要种植玉米、小麦、谷子和豆类，年产量4.9万公斤，农业产值9.7万元。生产柿子，年产干鲜果品4.5万公斤。林业产值6.1万元。集体猪场生猪存栏500头，户养猪及大牲畜，产值57.1万元。鱼塘11亩，年收入600元。水库养鱼，年收入2万元。村办砂石场，年产值4万元。全年各业总收入93.8万元，纯收入32.9万元，人均收入1684元。

当然，这些信息都已成为过去。随着时代的变更与发展、政策的不断出新，城乡差异越来越小，甚至逆袭。究其原因，主要有以下几点：一是体制的变化，由集体合作社到人民公社，从包产到户到个体经营；二是生产方式的变化，由开荒种地、兴修水渠、修筑梯田到退耕还林，再到退林还耕；三是身份的演变，由农民到农转非，再到非转农；四是工具、科技、环保、营养等因素的改变和回归。

现在，王家峪村的村民基本是一种旱涝保收的平稳状态。昔日靠五谷杂粮过活的村子，如今基本不种粮食，一两户种小麦、玉米、高粱，也是为了尝个鲜。养驴和羊就像养宠物，猪和鸡也是出于爱好和供老朋友吃"无公害"的肉蛋，但养殖成本和体力支出要大于直接从超市购买。上级指导的庄稼种植，基本外包给外地农民打理。受消费理念的影响，这里的杏、栗子、核桃、柿子不外售，除了装点农家乐，基本是自家食用和送人。因此，村民下地干活儿，或是打发闲暇时光或是基于锻炼身体，有如回归了劳动快乐境界。

十四、手艺

大多数人认为，北方农民怎么也比不上南方农民心灵手巧，何况是穷山恶水的环境。但山区地少，却成了倒逼农民开发手工艺的原因之一。

靠山吃山，由于山岩存在，王家峪村早年石匠居多，而且有的人家是子承父业。老式的石磨、石碾、石槽等物件，如今在村里仍随处可寻。

　　除了种地，盖房子是农民最大的营生。王家峪村里的木匠、瓦匠普遍存在，是因为自然生存所需。手艺在这里也是解决吃饭的手段，木匠是吃百家饭的，在一个闭环的小村里，木匠游走于街坊四邻之间，瓦匠也是如此。如今村里流行盖楼，施工资质、大机械和高科技的要求，使普通的瓦匠和村里相互帮忙的传统变成了过往的风景。

　　王家峪村山上荆条植被丰富，使村里的编筐手艺名扬在外。虽然现在的包装千变万化，成本也很低。但"菜篮子""水果筐""粪箕子"等家什的形象和名称不可改变。

　　在收获的基础上，王家峪村也有做豆腐、做酒、做醋的传统。这种对粮食和农作物加工的精打细算，是手工业的前提。

　　草药与神医，是物质和精神的追求。王家峪村过去有中医、兽医等职业的存在。

　　如果把饲养也算作一种手艺的话，除了养马驴、牛羊、猪、鸡鸭，养蚕、养蜂等也是农民生活本身的产物和一种延续。

　　现代工种繁多，但在我的眼里，焊工、电工、钳工等还是一种手工，尤其在乡村，两者很搭。

新王峪村老房子、
老物件

过去王家峪村虽然穷得吃不上饭，但村里的厨师手艺人很多，这让我很吃惊。

王家峪村不种植棉花，因此纺织手艺并不多见，更别提绣花、印染了。

其他的纯粹接近民间艺术类的手工艺，如剪纸、木刻、唱戏、皮影等，都很少见。

由此看来，王家峪村的手工艺并不具备规模，也没有清晰地传承，更谈不上经营，就是生活原生态本身，自自然然，不显山露水。

王家峪村的人可以说都是靠土地为生的本分人，所以衍生的手艺也是仅仅为了基本的生计所为，不是为了盈利。这些所谓的手艺就像未开垦的土地，永远是一张白纸，在上面产生原生态的元素和结果。

十五、情怀

诗歌是人类的最初语言，农业是维系人类生存的最初根基。因此，诗歌是农业时代的产物，也是农业时代的可以信赖的记录。中国是农业历史漫长的国度，可以说中国诗歌史就是中国农业史，早在《诗经》中就有一首《鲁颂·駉》：

駉駉牡马，在坰之野。薄言駉者，有驈有皇，有骊有黄，以车彭彭。思无疆，思马斯臧。

駉駉牡马，在坰之野。薄言駉者，有骓有駓，有骍有骐，以车伾伾。思无期，思马斯才。

駉駉牡马，在坰之野。薄言駉者，有驒有骆，有骝有雒，以车绎绎。思无斁，思马斯作。

駉駉牡马，在坰之野。薄言駉者，有駰有騢，有驔有鱼，以车祛祛。思无邪，思马斯徂。

诗中列举了十六种不同毛色、形状的马的名称，许多字如今已经不用了。可见，诗歌也是早期对农业时代的命名。就像我们今天，对农业的亲近，总是充满一种抒情的、怀旧的格调，绿色、和谐的氛围；甚至富有亲密、温馨、善良的品德，使田园诗一直保持赏心悦目、经久不衰的魅力。我们的传统诗人与画家，都可以称为"田园诗人""山水花鸟"

画家。

英国文化学者雷蒙·威廉斯在《乡村与城市》中批判道，"田园诗的发展过程本身就是对封建社会秩序的一种选择性的美化过程"，成为反抗城市的一极。他列举的科顿的诗：

> 上帝！这里所有的东西都是多么美好啊！
> 田野看起来多么美丽！
> 我们的饮食起居多么清洁！
> 主啊，我们的时光多么幸福！
> 多么平和！多么一致！

中国宋代诗人苏轼在《惠崇春江晚景》中有典型的乡村田园描写：

> 竹外桃花三两枝，
> 春江水暖鸭先知。
> 蒌蒿满地芦芽短，
> 正是河豚欲上时。

我去年写了一组诗《新王峪记事》，其中有：

> 在村里，我每天都能听见
> 门前经过的汽车声
> 屋后爬坡的火车声
> 头顶起飞的飞机声
> 就是听不见人的说话声

还有一首《拥有》：

> 在城里，雪花是从窗前划过
> 我与它是平行的视线
> 在乡下，雪花全部落在我的院子里

> 我可以俯瞰它的一切
> 因为，它是属于我一个人的
> 我就是不扫门前的雪

可见，乡村的情怀是诗人的一种普遍传承。其实，在西方城乡的差别一直不是决裂的，人们一直有着住在乡间的习惯，农民也是一种职业的身份。就如英语"乡村"（country）一词，可以表述为"国家""土地"。

但是，曾几何时，"农村""农民"在中国城市发展过程中成为愚昧、落后、贫穷的代表。有些城市就充满贬义地将所有的外地人称为"乡下人"。城里人把俗气称为"土气"，家长把不干净称为"满身土"，如今孩子一天到晚沾不着土。其子女日益广阔的流动性已经没有了"水土不服"的概念，丧失家园不是理想，是非常的现实。

20 世纪 80 年代，新王峪村的村民为改变农民身份而努力，争抢有限的进城名额。进入 2000 年，那些农转非的人，大多失业下岗，他们又想回归农村，为获得田地、宅基地而奔忙。同样，我们这些城里人也是纷纷往农村里扎。一方水土养一方人，但他们的孩子们都在变化，甚至在村里消失。

司马迁在《报任安书》里说："究天人之际，通古今之变。"同样，王笛在《碌碌有为》一书中说："微观史对历史的意义，就像在显微镜之下对细胞进行观察，侧重点不在宏观事件和精英文化，而在平凡人的日常生活。"

王笛这本书的名字《碌碌有为》，我觉得特别有意思，其实碌碌无为的普通人，都是历史进程的创造者，也就是有为者。我对这些普通人的存在方式格外关注，就是对当代中国农村生活图景，特别是距离城区较近农村生活图景的复印和印象，留下历史的记忆。就像看见玉米，我看见的是维持生命的原料，是不败的根。

回望历史，我们可以发现农业的慢节奏总是引人注目，时间的钟摆在农业阶段的刻度十分明显，是一种可以看见永恒的元素。因此，有人说："上帝创造了乡村，人创造了城镇。"也有说："中国人的节都是从地里长出来的，而西方人的节都是从天上传出来的。"

如今，我们距离农业时代越来越远。哪怕上王峪村和新王峪村这样距离北京城也就一个多小时车程距离的村落，它的变化和陌生，并列存在。它的特点，也是它的魅力所在。

王笛在他的《碌碌有为》中也讲到，衣食住行是普通人的最根本需求，农村是靠手艺吃饭的生存。而且讲到，农业是古代社会存在的根基。我从所接触的新王峪村，便可以深刻体会到这一点。在当今变革时代，对这些认知有着重要意义，是对遇见人类的未来的一种安慰。站在居室的书房，当我抬头看见窗外远处的山脉、院中的香椿树和院子里的瓜架的这一瞬间，它们都会成为我生活的意义，成为我租房费用的分摊。

我在城里看见的是拥堵、辉煌、动感的车灯，在村里看见的是自由、低调、平静的桃花；我在城里是到点想起吃饭，在村里是闻见隔壁的饭香，才会勾起我的食欲。因此，我说："在城里我充满欲望，在村里我充满希望。"在城里我是向前看，在村里我是向后回望。城市是生命力的放纵，一切的狂喜转瞬即逝，充满具象，但不真实。乡村里生物的展现，具有动物的原始化进程和植物的季节性节奏。在乡村才可以体验书写和方言，城市将人类行为语言规范到千篇一律，令人应接不暇……

齐如山在《华北的农村》一书讲，西方人是吃肉的，东方人是吃草的。中国人又分南方人是吃米的，北方人是吃面的。南方水多米多，但不比北方的五谷杂粮营养丰富，因此北方人比南方人身体强壮。

十六、农事

五月斯螽动股，六月莎鸡振羽。七月在野，八月在宇，九月在户，十月蟋蟀入我床下。穹窒熏鼠，塞向墐户。嗟我妇子，曰为改岁，入此室处。

六月食郁及薁，七月亨葵及菽。八月剥枣，十月获稻。为此春酒，以介眉寿。

七月食瓜，八月断壶，九月叔苴，采荼薪樗，食我农夫。

九月筑场圃，十月纳禾稼。黍稷重穋，禾麻菽麦。

这是两千多年前《诗经》中的《七月》一诗。而农谚里 "头伏萝卜二伏菜，三伏有雨多荞麦"，也是讲要把握农活儿的时间。

《七月》反映了陕西某部落一年四季的劳动生活，涉及衣食住行各个方面，凡春耕、秋收、冬藏、采桑、染绩、缝衣、狩猎、建房、酿酒、劳役、宴飨，无所不写。中国古代诗歌一向以抒情诗为主，但这首诗却以叙事为主。这首诗采用赋体，"敷陈其事"，"随物赋形"。其实，全篇围绕着一个"苦"字，按照季节的先后，从年初写到年终，从种田养蚕写到打猎凿冰，反映了一年四季多层次的工作面和高强度的劳动，展现了古代劳动人民吃苦耐劳的品性。

劳作是人类最中心、最迫切、最必要的活动，农业劳作又是距离利益输出、商业交换最远的形态。日出而作日落而息。靠天吃饭，刨地为食。

在新王峪村早先的手艺人走家串户干活儿，是不收工钱的，大多是为"混口饭吃"。他们的劳动力输出不是商品，而是"卖把子力气"，价值是自身体力的体现，如同土地自然而然创造物产，没有资本投入一样。

即使现在，他们已没有口粮田，也要在院里、院门的花池里或山脚下开垦出一点儿土地，种点儿蔬菜，习惯做饭时到地里拔两棵小白菜，方便顺手，关键是不花一分钱。

中国乡村不仅看重无投入的生产和索取，也不浪费任何东西，甚至是自己的粪便。因此，肥水不流外人田，把屎尿拉在自家里，成为一种神圣的职责。

稻谷、玉米、高粱等农作物不仅满足食欲，秸秆还能做酒做醋做糖，剩下的残渣喂牲口，部分用来编筐、做盖帘儿、扎笤帚，最后的留作烧火取暖的原料。

对于土地，农村也是物尽其用，讲究套种和复种，追求利益最大化。因此美国农学家富兰克林·H. 金在《四千年农夫——中国、朝鲜和日本的永续农业》中说：

在套种和复种结合的农业种植体系中，东方农民的轮作或连作将引发一系列物理、有机化学和生物学的有利结果。有人认为作物的根部相互结合在一起，能促进生长，如果事实果真如此，那么将作物紧密地种植在一起的这种做法就能为生长提供有利的机会。事实上，真正促成人们实行复重制度的原因并不是这个，而是之前已经列举出的一些很明显，而且很重要的益处。

中国农民体能付出也额外大，除了山地原因，齐如山在《华北的农村》说：

> 西洋耕地，只是要今年所用之土，分到下层使其休息而已。中国则又多一层功用，就是分土之外，还带一层除草的目的。西洋田地中草少，中国则较多，这也有原因，一当然是人家耕得深，今年之草或草籽分到下层，不能再生，二是西洋雨量大，尤其是欧洲，空气湿，草的种子不容易飞扬，则布种之力较小。中国耕得较浅，耕下之草，所翻之土埋不严，露着草尖，它就还能生长，再者华北空气干，所有草的种子，飞得很远，布生力较大，就是耕耘得好，也难除净，所以华北，每年把谷类割完，地上还总留着一片荒草。

为此中国有"耕耘"一词，"耕"是指播种，"耘"是指除草，可见除草在中国农活儿中有多重要。我在我的小院里也种了点菜，没想到一场雨后，草比菜长得还旺，才知道种菜不容易，原以为可以让其发展，原来要时时侍弄。我在帮房东马明在玉米地里除草时，以为这活儿简单轻省，但由于用力过猛铲掉许多玉米苗。而我看见王文华在成形的玉米地里除草时，烈日当头，汗流浃背，我问为什么不用除草剂？他说，用了就不是有机食品了。

到了村里，我才发现农民对土地的占有欲之高。从这点说，工人还真是无产阶级。因为，农民是从土里刨食，土地也就是维系生存的利益与资源，所以村民特别是兄弟之间发生的争执，大多与田地、宅基地及土地上的树有关。就像远古战争的起因，大多是争夺田地（熟田），奖赏也是封地。这也是动物本能，对领地的占有也是对食物的拥有。

十七、民事

城里人都是陌生人，因此要讲究公事，利益共享。村里都是乡里乡亲，知根知底，有里有面，更讲究面子，都是私事，凡事要念别人的好。我发现新王峪村，也在变化，有邻里纠纷习惯报警，家庭矛盾习惯法庭上见，养老也开始办保险了。

正如费孝通在《乡土中国》中讲：

在亲密的血缘社会中，商业是不能存在的。这并不是说这种社会不发生交易，而是说他们的交易是以人情来维持的，是相互馈赠的方式。

费孝通在《中国内地的农村》中介绍：江村的继承习惯是承认"长子权"的，长子可以多得一份"长子田"，而与老人同住的小儿子，自然可以继承老人的"养老田"。可是在新王峪村中田产的继承，并不一定要等父亲过世了才实行。父亲在世时就可以分家，若是长子成婚后出现婆媳不和等家庭矛盾，此时就可以分家，就是把田分了，房子分了。也有把老家儿的房子分了的，兄弟分别赡养父母，或者父母轮流在子女家住。

我由于会绘画，一开始关注民间工艺美术的手艺人，后来范围扩大，开始关注制作行业的手艺人，如今直接关注干农活儿的，因为农活儿就是最大的手艺。

如果说农业只是限于在土地上培植作物的活动，至于把作物的自然形态改变为可以消费的物品，就算是工业活动的话，那有时培植和制作并不易严格区分，如把谷粒和稻穗分离算是农业，把米粒和糠秕分离就算工业。其实，在新王峪村几乎所有的手艺人或工匠，农忙时也都干农活儿，身份混杂。费孝通在《中国内地的农村》讲：

我们邻居姓刘的那位朋友，家里的厨房和马槽是自己动手盖的；屋里的草垫、竹筐是自己编的；身上的衣服是太太缝的。这种不求人的自给经济，把很多工业活动普遍地分散到每个农家。中国并不是没有工业，只是工业太分散，每个农民多少同时是个工人。

还有，就是新王峪村的村民劳动力占比要比上王峪村高，也就是新王峪村种地和干手工艺的人，要比上王峪村多。一个是上王峪村靠近水库风景区，经济发展快，致富转型早；还有就是上王峪村地少，农业传统丧失多。林地面积大，因此护林员多，许多人都愿意成为护林工人。

我发现不管是上王峪村还是新王峪村，和全国其他地方乡村一样，村民以"3、6、9"（妇女、儿童、老人）为主。而且，村里的老年人和城里的老年人生活方式也很相似。早上遛弯儿，晚上男的打乒乓球、台球，女的跳广场舞、唱卡拉OK；夏日，在村口聚众聊天，内容不再是谈天说地（天气和庄稼）、农谚掌故、家长里短，而是国际大事、世界风云，有关军事、保健、抖音带货直播等的内容占比很大。

尽管村风改变，但也与时共进。如今王家峪村的婚丧嫁娶聚众的习俗依然存在，组织大型饭局根本不像城里人那样费劲儿，基本当天通知就行，因为大家都很轻闲，基本不外出。

人情份往，也由实物转变为现金和微信转账，婚丧嫁娶礼金的最低标准也由20世纪五毛一块，到后来变成五十一百元，现今已提升到二百元。具体价目如下。结婚：乡里乡亲二百元，亲戚五百元，大爷叔姑姨一千元，至亲上万元；生子：亲戚送鸡蛋，满月席每人二百至一千元；六十岁以上过寿均二百元；春节压岁红包，十三岁以下一二百至一千元，给多的一般肯定能回赠，双方都有孩子。参军、上名牌大学均二百元；丧事第一年分头七、二七、三七，第二年、第三年可办可不办，二百至一千元；盖房随礼叫交粮，过去村里人帮忙，给做饭的酒面，现也有给一二百元价值的一箱酒一袋面或一二百元，至亲一千到一万元，上梁日回请一桌七八百元，一家老人及孙子出席，中午放鞭炮，过去请厨师在家搭大席，现一般在饭店请客。

具体到上王峪村和新王峪村来说，留给我的印象还是非常有意思的。虽然两村距离只有一两公里，但民风的差距还是很大。上王峪村的人性格更加彪悍一些，气势强大一些；新王峪村村民更加温和一些，谦逊一些。这可能和村子的历史形成时间长短有关，拥有历史根源，就拥有话语权和清高。也与山脉、水源的位置距离远近有关，山水雄风，村民坦荡。

十八、尾声

最近，电影《隐入尘烟》火了。电影画面中大量的米勒乡村油画构图的运用，使疾苦和田园牧歌的唯美性、丧失与生命回归的可能性产生了一种平衡。

同样，小小的王家峪村，虽然不具备标志性和典型性，但这个被小山包围的空间屏障，促使它一方水土养一方人的相应的人性的滋生。不管所作所为有多无奈，也锤炼了他们与土地的关系。获得了土地对他们劳动和生命力的肯定，他们的内心世界和时间的平铺直叙一样，也获得了对生命价值的肯定。

新王峪村村民委
员会大门

新王峪村新民居
群落

就像传统农业社会不可能再造，但他们用悲剧性的付出与奉献，保留了它可观性的盆景一般。从这点说，最后的农民都是修行者、殉道者。他们的体系，和我们的利益与商业格格不入。就像每年燕子回归，对他们来说，才是有意义的语言。

当然，他们也将面对新农合、医疗、养老、保险、有机食品、躺平、维权等问题。但土地的丧失，才是让这一切成为虚无和幻化的真正前提。我在《躺平》一诗中写道：

> 过去的农民面朝黄土背朝天
>
> 但村里的农民早已没地可种
>
> 像城里人一样空虚，无所事事
>
> 每天遛狗、接送小孩上下学
>
> 打麻将、玩扑克、广场舞
>
> 大队部还有乒乓球、台球
>
> 甚至村对面有网球场和骑马场
>
> 三八节有游戏发礼品
>
> 每星期有人来村里义务理发
>
> 公共厕所冬天暖气夏天空调
>
> 村里就是没有早点铺
>
> 村里的人下地种菜或是摘核桃
>
> 就是当锻炼身体
>
> 我怀疑他们如果在山上放羊
>
> （当然要政府批准）
>
> 那肯定是为了写诗

不论是上王峪村还是新王峪村，在当下的中国都不具有典型和足以吸引眼球的特色：没有悠久的历史和考古遗迹；也不具有浓郁的风土民俗及民居建筑；更没有奇特的风景和物产。它们就是普普通通的农村，都不能说是山村的浅山区村落，而且还是距离大城市较近、被进化较严重的村落。但或许就是这些，才构成了它独有的特色和魅力，何况我现在还住在这个村子里，这更让我觉得它很特别。

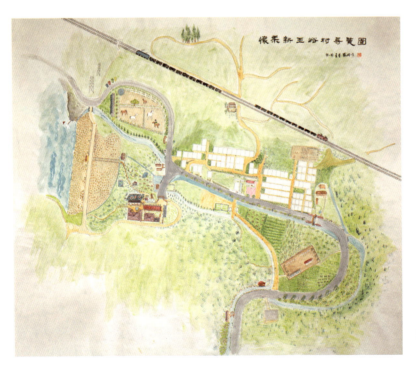

新王峪村导览图
蔡丹 绘

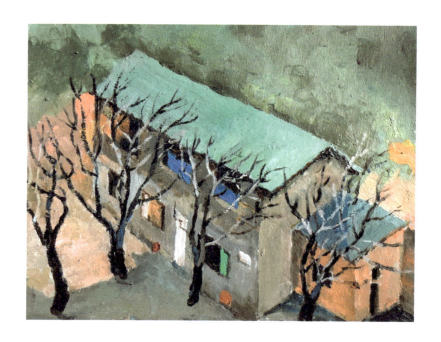

新王峪村风光
油画写生两幅
高星 绘

新王峪村民居
油画写生两幅
高星 绘

沙峪口水库大坝两侧开满桃花

种小麦

十年麦九年草

职业：种小麦　　姓名：王文华　　性别：男

年龄：七十岁　　民族：汉族　　学历：小学

采访地点：北京市怀柔区桥梓镇新王峪村六十八号

采访时间：二〇二二年七月十七日

　　其实，所谓农民，就是脚踏实地的人、终日面朝黄土背朝天的人、接地气的人。非农，也就是城里人，就是脚踩水泥地、柏油路、大理石地，脚上一尘不染的人。

　　在新王峪小山村，地本来就不多，如今在地里刨食的人就更不多了。王文华家是附近几个村子中今年唯一种麦子的人家，而且还是手工播种、收割、脱粒。要不是亲眼所见，我还以为是为旅游而保留的表演项目。

　　走进王文华家，我见到的是组合沙发、立式空调、平面直角彩电、饮水机、电子琴、热带观赏鱼鱼缸、箭竹花卉等，如果不是墙上挂着巨幅全家福彩照和喷绘一帆风顺及黄山迎客松画片这些农家院落的"标准配制"，我真想不到这就是整天和土地打交道的人家。

　　王文华的爷爷辈是哥儿三个，分别是王长江、王长海、王长河，是水系列；他的父亲辈是哥儿四个，分别是王顺、王孝、王贤、王贵，是礼系列；到王文华这辈，也是哥儿四个，分别是王文明、王文华、王文利、王文祥，吉祥系列。

　　王孝是王文华的父亲，在抗日战争期间，有一次日军进犯桥梓，王孝被日军差点儿活活掐死，被扔在家门外，后被大雨冲醒，才捡回来一条命。由于家族早已埋下民族仇恨，解放战争期间，王孝领着两个弟弟一起参加了解放军，曾南下作战。可以说，老王家一直对党充满感情，子孙辈报效祖国，根正苗红。

　　1950 年，王孝与大弟弟退伍，回乡务农。他的小弟弟留在桂林生活。王孝随后结婚，1952 年，王文华出生，那时，村里的新生儿都是由接生婆在村里接生。

　　王文华自小受家风影响，为人正派，品行端正。在村里上完小学后，由于家境条件所限，他没有上完中学，便下地干活儿。

　　由于新王峪村地少人多，1970 年，县里商业局来村里招工，经过村委会选拔，王文华进入怀柔供销社工作，转为非农户口，成为被人羡慕的挣工资的人，村里人管他叫"官人"。而他的两个弟弟分别在怀柔县城的食品公司和建筑公司工作，可见兄弟们都是"城里人"。

　　王文华如走乡串村的货郎，常年在怀柔北面山区供销社网点干售货员。一个月休息 4 天，经常是骑着自行车回家，来回路途就会用去两天，在家的两天还要帮家里干农活儿。由于离家远，他就担当了大多数值班看商店、看大门的活儿，一晚上可以有4角钱的补助。他整天吃住在单位，那时，也没有什么电视、手机等娱乐项目，可想而知，他度过的那是多么枯燥乏味的日子。

1978年，王文华和怀北镇的耿春英结婚，生了一女一儿。女儿如今在昌平一家医院做护理工作，儿子在通州经营一家健身房。

2002年，供销社不景气，纷纷倒闭，王文华内退回家。时过境迁，此时，吃香的是农民户口了，王文华没有宅基地、口粮田，干了30年工作，似乎一无所有，还自己交了10年的保险。2012年，王文华60岁正式退休。他拿出工作证给我看，上面字迹已经模糊，封皮破旧，可见其使用率很高。

我问王文华，退休后没想在县城买个楼房吗？把老伴儿接到城里去住，安度晚年。他说，一是没有钱买楼房，二是还是习惯农村的生活。不仅如此，王文华也不像村里其他的老人，象征性地在自家的果树园子、菜园子干点儿力所能及的农活儿，自产自销，然后依赖国家分配的补助，或干点儿小工挣点儿收入，过上近似躺平的生活。

王文华要真正地种地，种粮食，要做纯粹的农民，对于他，是一种享受和立身之本。为此，他们夫妻俩还养了一头毛驴，这也是村里唯一的牲口。

通过采访，我才知道山区农村分的田地不是想象中的整齐划一，而是按地界的远近、地质的好坏，进行抓阄。因此，每家的地都七零八落。新王峪村的地，有的在上王峪村，甚至有的地在3公里外的平义分村。当然，上王峪村有的地也在新王峪村。

在新王峪村村口外的路边，有一块仅一亩大的平地，是上王峪村一位老太太家的地，由于老太太年岁已高，子女均在外地，种了粮食，也照顾不过来，不种，又怕地荒了。老太太听说王文华想种粮食，就主动找上门来，将这块地借给王文华种粮食，正好也可以兼顾一下地里的栗子树树苗，等过三四年，栗子树长起来了再另行商议。虽然，老太太一再表示不收地租，但王文华在收割了粮食之后，总会磨一些新鲜面粉，给老太太送去。

其实，这块地也不是很好，石头块很多，王文华拉来许多黄土，进行改良，还特制了水泵，方便临近引水进行灌溉。

　　王文华在这块地上种了两年玉米。今年开春，又加种了一茬春小麦。为了节约成本，王文华一开始用的是过期麦种，发芽率极低，只好重新购买新麦种，又播种了一回。两次都是依照老法，驴拉犁，手工播种。

　　进入 6 月，小麦长得喜人，收麦的时候，全家齐上阵，经商的儿子也从城里赶回来帮忙。他还猫腰弓身在后面推犁，赶种玉米。真是孝顺。

　　由于地小，又有小栗子树苗，不能使用机械收割，这才让我见到了镰刀割麦、皮带脱粒机脱粒的画面。而且，现在村里没有场院，也不让在马路上晾晒麦子，王文华都要在自家的院子里完成脱粒、晾晒。

　　王文华收获了不到 3000 斤的麦子，折合面粉价钱，据说今年的夏粮小麦价格基本上在 1.5～1.8 元／斤，刨去种子、化肥等成本费用，也就是能挣 1000 来块钱。

　　我问王文华，辛苦劳作了 3 个月，值当吗？他说还是自己种的麦子吃着香。"香"就那么重要？虽然说有"黄土变黄金"之说，但这麦子的"含金量"也太高了。

　　我听见王文华老伴儿和他总结，今年的小麦种子发芽率没计算好，应先在家试验一下。这样，才可以避免种植过密，容易倒伏；间隙过大，

王文华的老伴儿
在手工割麦子

影响产量。而王文华给我讲的是农谚说法"白露早，寒露迟，秋分麦子正当时"，我问他，你常年在外，怎么掌握的农活儿技巧？他说，从小就看大人种地，早已铭记在心。

麦子收割后，王文华又马不停蹄地种上了玉米，这回是买的高产玉米种子。玉米苗很快就长出来了，浇水之后，光除草就干了好几回。有的草长得很高，已经拔不动了，做不到斩草除根，只好用镰刀割，再用锄头刨。他又不好轻易用除草剂，因此劳动量巨大。为躲避酷暑，每天都是早晚在地里干活儿。

种粮食，除了施肥，还要间苗，也叫疏苗。播种时，一般播种量都大大超过留苗量，造成幼苗拥挤。为保证幼苗有足够的生长空间和营养面积，应及时拔除一部分幼苗，选留壮苗，使苗间空气流通、日照充足。适时间苗、定苗，可避免幼苗拥挤、相互遮光，可节省土壤水分和养分，有利于培育壮苗，保证丰收。

前几天，下雹子，王文华在自家院子里看见满地的雹子，心想这下完了，玉米苗要砸坏了。后来发现，雹子走一条线，玉米地正好躲过去了，真是老天有眼。

王文华在牵驴拉磨
磨玉米

附：小麦种植的方法和步骤

如果是在北方，地里的活儿大分类有春耕、夏种、秋收、冬储。细分的话，耕：翻地、储肥、除草；种：购种、育种、育苗、移栽、撒种、间苗、施肥、锄草、松地、浇水、除虫；收：挖根茎类、收割小麦类、掰玉米类、搓（所有需要收集颗粒类的）、运输；储：晾晒、挖窖或建谷仓、恒温、装袋、仓储、翻晒、分离变质。

一、选种和处理

小麦想要高产，品种的选择和处理是必不可少的。一般应根据本地区的气候、土壤、地力、种植制度、产量水平和病虫害情况等选择良种。种子具体的处理措施包括晒种、药剂拌种等。种子处理得当，不但能提高出苗率，还能有效降低后期病虫害的发生概率，是实现苗齐、苗全和苗壮的重要措施。

二、选地整地

种植小麦，宜选择土质疏松、地力高、排灌方便的地块。最好在前一波作物收获之后就开始整地，对田间进行深耕耕作层，疏松已经板结的土壤，把土地耙碎、耙透，使耕层深浅一致、表土细碎，达到上虚下实、无明暗坷垃、地面平整、无根茬的标准。在松土的同时可以撒一些肥料，在整地前均匀撒施，及时深翻入土。

三、播种方法

小麦的播种方法有条播、撒播、点播三种。条播籽落得均匀，覆盖土的深浅一致，出苗整齐。撒播多用在麦棉套作或稻麦轮作地区，适宜土质黏重、整地难度大时采用，有利于抢时、省工。点播在稻茬麦田采用，施肥集中，播种深浅一致，出苗整齐，田间管理方便。播种时注意密度不宜过大，要让小麦接受足够的光照以进行充分的光合作用，这样小麦才能良好地生长，果实才更加饱满。

丰收的喜悦

四、田间管理

根据土壤的肥力状况进行科学施肥浇水，旱情较重的麦田应优先安排灌水；而地力较差、基肥或追肥不足、麦苗长势较弱的麦田，除了积极做好下次灌水前的追肥准备工作，还应尽快采用根外追肥方法，予以适量营养补充。在小麦旺盛期，应定期向小麦的枝叶上喷洒多菌灵药剂，避免植株感染病害。对部分水肥充足、群体偏大、长势过旺的麦田，应及时采取化控措施。此外，还要加强病虫草害的防治工作。

五、适时收获

小麦一般在种子含水量20%～30%时收获产量最高，若完熟期（小麦枯黄，籽粒变硬，含水量14%～16%，麦粒易从颖壳脱落）后收获，则会因为雨露淋溶和高温种子呼吸加剧消耗，致使粒重降低，从而引起产量下降。一般冬小麦在次年5月底至6月中下旬收获，春小麦一般在当年初秋即可收获。

种玉米

风吹玉米穗，雨过青纱帐

职业：种玉米　　姓名：李艳侠　　性别：女

年龄：六十七岁　　民族：汉族　　学历：初中

采访地点：北京市怀柔区桥梓镇新王峪村四十号

采访时间：二〇二二年八月十三日

去年冬天，我刚刚来到新王峪村居住，一天夜幕降临，下起鹅毛大雪，我发现房东李艳侠来到小院，将手提灯挂在院中树上，挥起砍刀，喊里咔嚓将菜地里的大白菜砍下来，那叫一个利索。望着她悄然离去的背影，心中感激她帮我解决了大白菜防冻过冬的问题。

李艳侠是桥梓镇前茶坞村人，父亲李福田是抗美援朝的功臣战士，担任通信兵，有点儿像《英雄儿女》的王成。他负过伤，至今身上还留有伤疤。但英雄不问出处，老人做人低调，一直默默无闻。改革开放后，老人如焕发青春一般，紧随改革大潮，自谋生路，办起砖瓦厂，开着推土机，垒起马蹄窑，使家里的生活蒸蒸日上，再次彰显英雄本色。

20 世纪 90 年代，国家实行环境保护，许多砖瓦窑被关停，但老英雄的砖瓦厂没人敢动，受到县人民武装部的特殊保护。老人如今 92 岁，身体硬朗。每逢父亲节，李艳侠都会带着丈夫马明回家看望老人，如今在乡村，也过父亲节、母亲节，也是一景。全家其乐融融，老人还关爱着儿子、女儿的日子，好像还在把握着一种平衡。

李福田有三个女儿一个儿子，李艳侠是二女儿。

李艳侠在村里上的小学，初中毕业后，开始在村里务农。茶坞属于平原，耕地多，粮食多，因此，生活水平相对富裕。

1976 年，李艳侠参加乡里的创业队，修建沙峪口水库引水工程。随后，嫁给了新王峪村的马明。

李艳侠端庄漂亮，口才好，成为大队广播员，这在当时是让人羡慕的工作。

后来，李艳侠获得了林业技术员证书，从事果树管理与嫁接。

1985 年，村里修铁路，夫妻俩把农转非的名额给了还在上学的儿子。他们的两个儿子都考上了大学，所谓农转非已没有意义。

1987 年，李艳侠到南石槽服装厂工作，但不久，还是回到村里。后来她在茶坞还开过早点铺。这些经历验证李艳侠是享受改革开放大潮，并在其中小有身手的女人。

前几年，李艳侠开了几年民宿，但她说不习惯伺候年轻人，每天要给他们烧炕、烧锅、做玉米饼。

马明虽然是村里手艺高强的电工、瓦工，但在农活儿上，李艳侠还是不服他，她在种庄稼、种菜、种果树方面，干脆利落，是一把好手。

李艳侠为人大方，性格爽快。她非常关心丈夫，总是反对丈夫喝酒，有时为减少丈夫喝酒的机会，宁可让他少出去干活儿。丈夫也听话，最近把酒戒了，腿上的皮肤病也好多了。

李艳侠觉得最值得炫耀的是两个儿子都是大学生，并且学有所成，也算是村里的成功人士，两个儿媳工作也不错。李艳侠给老大带完孩子，如今又忙着给老二带孩子，有时还坐公交车到孩子家去换班，看到这情景，感觉她和城里的父母一样一样的。

李艳侠家在村南的山坡下，有一亩三分地，地里净是石块，原来是果园，现在有些荒废。村里收回了部分地，租给林业局绿化。但李艳侠还坚守着这块贫瘠的土地。

今年春天，我看见她在地里劳作，原来是她种的玉米出芽了，她忙着浇水、间苗。我看着像玩儿一样，帮她干了一会儿，但劲儿使得不当，连草带玉米苗给铲了好几棵，我实在不忍心。李艳侠笑着说："没事，我也是当锻炼身体，闲着也是闲着。这玉米能否有收成，主要是看自己的造化了。"

秋天，她种的玉米成熟了，她说再不摘，就被野猪啃光了。她戴着新式的草帽，手脚麻利地在酷热的玉米地里干活儿。

我看着她在地里挥舞双臂，掰着棒子，那声音真是好听。

李艳侠两口子在玉米地除草

附：玉米种植步骤

玉米是重要的粮食作物，每当到了种植的时候，许多农户就会加入种植行列。而且玉米的种植方法多样，比如大棚种植和露地种植，方法不同产出来的玉米产量相差很大，不过玉米的产量和种植技术有很大的关系。

一、优质土壤

玉米种植的前提就是要有优质的土壤，一般来说，玉米适合在碱性环境中生长，而且要求土壤的肥力、疏松、排水性好。对于肥力不足的土壤，种植前应该施入腐熟的农家肥来增加土壤肥力，这样才可以生产出高产的玉米。

二、整地定植

种植玉米前，需要进行整地操作，把土壤打得细碎，然后施入腐熟的农家肥，保证土壤和肥料充分混合，提高玉米的出苗速度，然后准备好优质、健壮、容易丰产的玉米苗进行定植。定植的时候，要保证根系舒展在定植穴内，然后覆上细土，并浇水，促进幼苗迅速生长。

三、中耕除草

玉米幼苗生长的关键时期，需要进行中耕除草工作。玉米幼苗长到30厘米的时候，也是杂草生长的旺盛期，喷洒除草剂，然后疏松土壤，保证土壤的透气性，避免根系腐烂。浇适当的水，可以提升玉米生长速度。

四、浇水施肥

玉米在生长过程中，需要追施适量的尿素和复合肥，以促进其生长。结穗的时候，还可以叶面喷洒磷酸二氢钾溶液，提升玉米的结穗率，避免玉米的品质降低。何时浇水应该根据玉米的生长情况来决定，如果长势弱，可多浇水，来提高玉米的生长速度。

李艳侠在地里剥玉米

五、病虫害防治

玉米常见的病虫害有丝黑穗病、纹枯病、玉米螟、蚜虫等。平时应该多加强除草和施肥，增强植株的抗病能力，用苯醚甲环唑、戊唑醇对种子消毒可以预防丝黑穗病，喷洒井冈霉素可以很好地防治纹枯病，喷洒四氯虫酰胺可以防治玉米螟，喷洒吡虫啉可以防治蚜虫。

六、采收

当玉米果穗包叶发黄、上部籽粒变硬时，就可以开始收获了，等玉米完全成熟后，籽粒就会变得饱满，果穗变黄。注意采收品质，利于市场出售。

种红薯

辛苦换来
红薯的甜

职业：种红薯　姓名：王仁廷　性别：男

年龄：六十七岁　民族：汉族　学历：初中

采访地点：北京市怀柔区桥梓镇上王峪村五号

采访时间：二〇二二年八月十九日

王仁廷的家就在上王峪村村口，门前有一棵大杨树，树龄有 40 年了。王仁廷的家陈设随意，但有点儿像城里人的家，家用电器、营养补品、沙发茶几随处可见。墙上挂着几幅书法，还有山水花卉及老虎的国画。再看王仁廷本人，有些与众不同的干部气质。一聊，果不其然，他还真是退休的城里人。

王仁廷的父亲叫王秉福，早年当兵，后一直务农。他还有一个弟弟叫王山廷。王仁廷在上王峪上的小学、初中。

1972 年，王仁廷参军，在石景山八大处的原北京军区任通信兵。其间，他还当过话务员和警卫员。好像从那时起，他就见过了世面。

1975 年，退伍复员，回乡务农。他在村里开手扶拖拉机，负责送货，也算风光，工分也不低。

1980 年，村里修铁路，他获得农转非名额，到庙城钢绳厂工作。

1981 年，王仁廷结婚，妻子是后桥梓镇的，婚后育有一子。后来，爱人病逝。他又娶了顺义的一位离异带一女儿的女士，她在怀柔县城公交公司工作，现已退休。

1991 年，王仁廷转到怀柔交通局的汽车制造厂工作，负责跑业务。直到 2016 年退休。现在他在怀柔卫生监督所做保安，一个月只上 5 天班，一个班为 24 小时。因此，时间闲暇，他就在村里干点儿农活。

看着王仁廷的气质和机灵劲儿，我总觉得他应该并不满足目前的状态。我问他，为何没有搞点儿产业，自己经营点儿什么，或者开民宿、农家乐。他说，办过执照，但没有投入资金，一直也没有干。

他平日喜欢写写字，经常到怀柔老年书画研究会活动，结交一些书画爱好者。我感觉他的生活并没有融入这个村子。

我也听村里人讲，由于王仁廷常年在城里工作，有一些领导做派，在一些事情的处理上，与村里人格格不入。他讲究依靠法律维护自己的利益，有时喜欢和村干部较真儿，甚至因环保问题而有过举报行为，与村民关系较僵。这些，我无法进行道德判断，也不想涉事太深。

现在，王仁廷在几块地里分别种有玉米、红薯、花生、大葱等农作物。每天从这块地下来，又跑到对面山上的另一块地，累一身汗。

他说，不为经营，只是当锻炼身体，另外吃点儿无公害的粮食蔬菜。

王仁廷说，收获红薯后，一般采用蒸煮、烧烤，也做生熟两种红薯干晾晒。

今年，他种了两块红薯地，但遭到野猪的破坏，其中一块地基本无收。我说，你这忙活几个月，算是饲养野生动物了。他说，国家有保护法，抓野猪，要被罚钱，甚至坐牢。但现在昌平、延庆，野猪破坏庄稼，政府有赔偿，但怀柔还没有。

附：红薯种植技术与管理方法

一、整地施肥

种植红薯选择肥沃疏松的地块是非常重要的，种植的时候要深翻地块，然后施足有机肥，把肥料包在垄中再用锄头在垄背开一行，保持地块的肥料均匀。

王仁廷在展示被
野猪啃食的红薯

二、育苗定植

把薯苗顺沟平放，让根埋入土中，浇水促进其生长。当红薯苗长至一定的长度时，就需要做好移栽定植工作，为了促进根系快速生长，要浇好定根水。

三、科学施肥

定植15天后，要及时补充农家肥，并辅以化肥，肥力比较好的地块，需要每亩施入尿素25～30公斤、普磷30～50公斤、硫酸钾30～40公斤。在红薯生长过程中，如果叶片发黄，应及时施用长蔓肥，以磷钾肥为主，在薯块膨大期，需要加强水分管理工作，合理地控制薯块和茎叶的生长，并要加强病虫害防治。

王仁廷在红薯地
里间苗

四、叶面喷肥

红薯在块茎生长期，使用 0.3% 磷酸二氢钾叶面喷洒，可以帮助红薯增甜，提高红薯品质。收获前 15 天停止浇水，这样红薯口感会更好，耐贮藏。

五、病害防治

红薯容易发生黑斑病、蚁象甲等病虫害，在红薯生长过程中，要注意栽培管理，一旦出现蚁象甲，就要使用 40% 乐果乳油兑水喷雾，如若出现黑斑病使用 50% 多菌灵 300～500 倍液进行浸苗，能起到很好的防治效果。

从家到地里，王仁廷要走一段山路

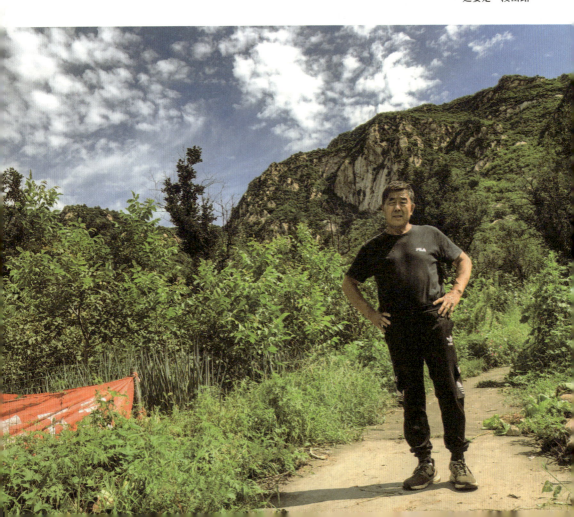

种花生

花生要锄
梦中果

职业：种花生　姓名：刘志华　性别：女

年龄：六十岁　民族：汉族　学历：初中

采访地点：北京市怀柔区桥梓镇新王峪村五十二号

采访时间：二○二二年八月六日

　　我第一次见刘志华，是在大队的乒乓球、台球室。她有点儿瘦，说话嗓门有点儿大。尽管打乒乓球、台球的姿势不是很规范好看，但很实用。室内一般就两名女村民，她几乎每天晚上都来活动，可见是热心运动的人。

　　刘志华出生在河北承德平泉县（今平泉市）南五十家子镇杨杖子大队大琵琶村。该村地处瀑河沿岸，耕地多为沙壤土，矿物质含量丰富，是当地有名的"红薯"村。

　　刘志华的父亲早年当兵，退伍回村当了村干部，母亲务农。她上面有一个哥哥，下面有两个弟弟、两个妹妹。哥哥在兴隆钢铁厂工作。

　　刘志华初中二年级毕业后，在家打猪草，搓晾烟叶绳。

　　后来，随村里的姐姐们到盘锦打工，种稻子。那时，她不到20岁。第一次出远门，承包头负责路费、吃住，她属于跟着出去玩的。辛辛苦苦，哈着腰种一天稻子，一亩地2元钱。十几天下来，挣了30元。

　　我问她看见丹顶鹤了吗？她说，光顾干活儿，没时间玩。我又问吃

晚上，刘志华在
村委会打乒乓球

稻田蟹了吗？她说，没有，那时也不知道稻田蟹好吃。

1983年，经老乡介绍，刘志华与新王峪村的迈德力相识。俩人见过几次面，那时没有手机微信，相互的交流还是靠鸿雁传书，现在想起来，这也是难得的浪漫。一年后，刘志华远嫁怀柔，和迈德力结婚。村里后来又嫁过来一位来自平泉的姐妹，两人可以互相映衬彼此的乡音。

迈德力高中毕业，算是村里学历高的年轻人，品行端正。他当年在村里开手扶拖拉机，运输农药、炸药。1985年，由于修建铁路，迈德力农转非，到庙城钢绳厂工作，他还当上了车间主任。但他没什么野心，只追求平平淡淡的生活。

那时，都是刘志华在家操持，照顾老人和孩子，还有几亩地。他们两个女儿都有出息，大女儿在新华社医务室上班，小女儿在朝阳学校教学。

2002年，钢绳厂倒闭，迈德力回乡务农。但家里分的地没有多少，只有一片树园子。夫妻俩盖了新房子，高高大大，玻璃房连接了前后院，

刘志华在花生地松土

开春，村民在地里
种花生

院中已没有土地。好在院门对面有一片菜园子，这是村里少有的几块离家最近的大菜园子。菜园子里有果树、菜地，还有花池和荷花缸，一排老式石雕猪槽子摆放在一边，引人注目。

今年，刘志华就在菜园子种了几垄花生，她是村子里少有的种花生人家。过去，大队有花生榨油加工厂，可以大面积栽种。如今，几乎家家就是种一点儿，够自己吃的就行了。就这样，也有人核算，辛辛苦苦种几个月花生，还不如到市场上买着吃，便宜省事。

有农谚说："谷雨播花生，夏至种红薯。"意思是说，在气温较高的偏暖地区，到了谷雨节气即可播种露地花生了。因为花生是一种性喜温暖气候的作物，生长周期内对温度有较高要求。花生是一种无霜期作物，花生幼苗怕霜冻浸染。民间有谚语说："清明断雪，谷雨断霜。"意思是说，谷雨节令是理论上的晚霜断霜期，所以谷雨之后播种露地花生，花生幼苗理论上不会受到晚霜浸染。

刘志华介绍，种花生虽然不费什么劲，但是鸟吃花生种子，老鼠吃花生果实，很是让人头痛。

在村里经常看见，白天，刘志华夫妻俩开着"三蹦子"车一同下地；晚上，夫妻俩一同到大队乒乓球室打球，偶尔在村口的空地上，可见他们与村民闲聊。

附：种植花生流程及方法

种植花生首先要选择果粒饱满的花生种子，然后便需要将土地中杂草及时清除掉，如果有土块，则需要把土块打碎。接着便是开坑，坑的深度在5~8厘米，坑与坑的距离需在20~30厘米，将花生种在里面后便可以施肥，最后把土地坑填补平整即可。

一、种花生的四个步骤

1. 首先要选择果粒饱满的花生种子，优质的花生种可以结出更多更大的花生。晾晒颗粒饱满且个头儿较大的花生种子，可以有更好的收获。

2. 接着便要去选择种植花生的土地，需要将土地给翻过来，并将土地中的土块敲碎。如果有杂草则需要及时清除掉，这样做，可以让花生更好地生长。

3. 然后就需要开一行一行的土坑，坑的深度在 5～8 厘米，坑与坑的距离需在 20～30 厘米，这样可以保证花生更高产。

4. 开坑后就需要将花生种在土地里，每 20～30 厘米种一粒。种完后就需要施肥，肥料应施在两粒花生种之间，而且不能粘到花生种，最后将坑旁的土翻回花生坑中，将坑填补平整即可。

二、花生的生长周期及收获

1. 花生的生长周期

（1）出苗期：一般情况下，花生种出苗需要 5～15 天，而具体的出苗期跟气温有关。

（2）幼苗期：幼苗期一般在 20～25 天，而具体的时间会根据花生的品种以及种植的季节而变化。

（3）开花期：花生的开花期会根据品种和种植的季节有所变化，一般情况下，开花期在 15～35 天。

（4）结荚期：一般情况下，花生的结荚期在 20～40 天。

（5）成熟期：春播花生的饱果期在 40～50 天，而夏播花生的饱果期在 30～40 天。

2. 花生需要多少天才能收获

种植花生后，需要 100～150 天才能收获，晚熟的品种则需要约 180 天才能收获。一般可在每年的 4 月播种花生，在 8—9 月时，江淮地区便可收获花生，而北方地区则需要在 9 月后才能收获花生。

三、种植花生高产的诀窍

1. 剪枝：出现花苞后，剪除病弱枝和无花枝，对于长势旺的幼苗每窝留 4 个枝，反之保留 3 个。

2. 踩秧盖针：生长旺期用踩秧的方法增加花针的入土量，这样可让植株的结果量增加 3～5 个 / 窝。

3. 打顶：盛花期后 10～15 天，摘除苗株的主茎，保留 1～2 对侧枝。

4. 整地施肥：选较疏松的土壤并深翻土壤 3～4 次，随后亩施腐熟的农家肥 800 公斤作基肥。植株落针 2~3 周后，亩施 10~15 公斤过磷酸钙，或喷施 2% 过磷酸钙溶液。

5. 保持最佳行距株距，待幼苗生长整齐后进行间苗补苗，保证幼苗分布均匀。

种烟叶

一切都是
过眼云烟

职业：种烟叶　　姓名：王仲廷　　性别：男

年龄：六十七岁　　民族：汉族　　学历：小学

采访地点：北京市怀柔区桥梓镇上王峪村东坡树园子

采访时间：二〇二二年七月二十三日

　　见到王仲廷时，他光着膀子从山坡上下来。他说道："我也没准备，没带上衣。"我说："没事，劳动者就是这样。"他紫红色的胸膛，在阳光照射下，油亮油亮，就像一朵夕阳下的晚霞。

　　说起上王峪村的烟叶，王仲廷侃侃而谈：很早以前，在上王峪村有一块地，叫"一亩三分地"，原来是猪圈、牛圈、羊圈，后来牲口圈搬走了，粪起走后，开始种烟叶，由于地有劲儿，烟叶长得有一米高，充满油性，加上山里露水好，可燃性强，即使掉在地上，烟也可以自己燃到尽头。烤烟时，用柏树根烧火，因此烟叶很香。烟叶软了以后可以再烤，别地儿的烟叶只能烤一次、两次，但上王峪村的烟叶可以烤三次。据说上王峪村的烟叶好抽，名声传到了京城，皇宫里都爱抽上王峪村的烟叶，村民用毛驴驮着烤烟给皇宫送货。

　　后面讲的所谓皇宫那段，肯定是传说。那"一亩三分地"现如今是村里的健身广场，上面铺着厚厚的水泥砖。

　　我对王仲廷说，要像你说的那么好，皇上早就把这里变成烟叶特供基地了，也类似红星、牛栏山二锅头一样有名烟产品了。

　　王仲廷的父亲王秉贵早年在村里当队长，他有两个儿子，王仲廷是

王仲廷在烟叶地
里摘除败叶

老大，弟弟王义廷。

王仲廷在上王峪村上到了小学六年级，后来小学撤销，搬到沙峪口，他就再没去上初中。

王仲廷在生产队干农活儿，一天挣 10 个工分。24 岁时，经村里在外当兵的亲戚介绍，他与来自河北定州鲍市邑村的姑娘赵秀敏结婚，当时保定平原农村也穷，北京山区农村也好不到哪里去，结婚就是搭伙过日子。婚后，他们生了一个儿子。

因为占地，王仲廷变成农转非，在庙城钢绳厂上班。弟弟在茶坞铁路单位工作。2002 年，钢绳厂倒闭，王仲廷回家务农。

王仲廷的父亲并不抽烟，但他从十几岁就开始学抽烟，一开始是偷偷地抽。他的儿子也不抽烟，因此，他说，抽烟是隔辈遗传。现在村里只有两户农家种烟叶，也就是抽烟的人才种烟叶。

现在每家的地很小，也就是树园子和菜园子，一般要在地里种点儿果树，因为如果出租或被征用，地上的树每棵都会有补偿，而农作物没有。如果种烟叶，就要占去一块地面积。

我问王仲廷，这里的烟叶这样好，为何队里不多种烟叶，增加经济

在家门口晾晒烟叶

收入？他说，早年，粮食都不够吃，哪还有地种烟叶？一直到20世纪70年代，村里还要靠到城里和平里卖白薯换粮票来解决温饱。吃饭还是要比钱更重要，因此，那时村里根本不让种烟叶。

他说，一直到1977年，队里才组织种了一块地烟叶，但赶上下大雨，水库水位上涨，把烟叶田给淹了，从此村里再没有种过烟叶。水库也是靠天下雨蓄水，泉眼的河水还不够自然蒸发的。但就是这么点儿水，还是把烟叶地淹了，看来，老天也不愿意让我们种烟叶。

政府规定，位于水库水面97厘米以下的用地，不用交公粮，农民还可以吃返销粮。但如今，这也没人管了。

现在地也是五花八门，人们也是自谋生路。

这几年，王仲廷一直坚持种烟叶，虽然占地不大，但还是要付出劳动成本。

我见到，他的烟叶地就在果树与玉米的夹缝中，靠边的叶子长得大，我还以为是光照和水充足的缘故。他说是地的原因，靠边那头儿土质好，里边的地里有石头，所以，差别就这么大。他说，种烟叶要精心，选种要好，施肥要好，还要把长势不好的叶子及时摘掉，每棵烟叶有七片叶子就好了。烟叶要5月中旬种，到8月就可以收了，再在烟坊里晾晒、烤制。

王仲廷说，他种的烟叶劲头足，有香火味，利口，比买的卷烟要好抽。卷烟发苦，没劲，抽多了嘴麻木。他说，就这么一块地，够他一年抽的，比买卷烟还是便宜。

王仲廷的儿子现在城里三环附近的一个汽车配件销售站工作，收入一般，没有时间帮他打理烟叶及果园。王仲廷作为村里种烟的少数人，似乎和这个时代有着若即若离的距离。他说，前几天，村里组织全员核酸，他才发现村里排队的人，外来的比本村人还多，可见租户有很多。

王仲廷说自己没什么追求，人生就是一袋烟的工夫，能干点儿什么就干点儿什么，以不给儿女添麻烦为主。

累了，卷上大炮

附：烟叶种植技术

种植过烟叶的烟农就比较清楚，想要种出成熟、质量高的烟叶，种植过程中的技术是非常重要的。如果一个环节出现问题，整个烟叶成长的过程都会受到影响。

一、浸种

选择成熟度好的种子，在晴天晒种两天，以利提高发芽率和发芽势。然后用 5000 倍高锰酸钾溶液浸种 6 小时，捞出后在 25～28℃的温度中催芽，以露白为好。

二、育苗

按畦宽 1.5 厘米做畦，苗床上用多菌灵或地菌灵等消毒处理后播种。苗床内温度控制在 25℃左右，防止高温窜苗，及时通风炼苗。苗长到 5 厘米高时间苗，培育矮苗壮苗。

三、施肥

以农家肥为主，亩施农家肥1500公斤、尿素15公斤、磷酸二铵15公斤、硫酸钾13公斤一次性作底肥，然后起垄覆膜，用 1.5 米宽地膜覆盖两垄。

四、移栽

按 40 厘米的株距在膜上抠眼儿栽植，栽植后用蓝精灵 800 倍液灌根，防治根腐病和枯萎病。

五、打杈

当烟苗长出 8～9 片叶子时及时抠心，用斜刃刀在烟心三面向下抠，然后挑掉烟心。烟心抠掉后会在每个叶基部发出嫩芽，即烟杈，这时要及时打掉烟杈，防止其长得太长消耗养分，影响烟叶的正常生长。

六、病虫害防治

烟叶的主要虫害有烟蚜和烟青虫，病害主要有赤星病、蛙眼病、野火病、细菌性角斑病、炭疽病和病毒病，要对症及时用药剂防治，以免影响烟叶的质量。

七、采收

当烟叶由绿色变为淡黄色，用手捏一下特黏时即可收获。用烟刀将每个叶带烟拐割下后，放置一天后即可上绳上架晾晒，晾晒时要每隔几天翻动一次，使里外烟叶都晒成黄红色，以提高烟叶质量。

烟叶种植过程二十四节气歌：

雨水春雨贵如油，精选良种莫遗漏。

惊蛰天暖地气开，苗期管理加强来。

春分风多雨水少，间苗定苗除杂草。

清明时节草清新，整地起垄要抓紧。

谷雨立夏天转暖，烟苗栽补不容缓。

小满温和夏难挡，及时追肥长势旺。

芒种雨少气温涨，揭膜培土来上厢。

夏至夏始冰雹来，不适烟叶要剪裁。

小暑进入便三伏，打顶抹芽两不误。

大暑大热暴雨增，首次采烤好时逢。

立秋秋始乌云厚，分批采烤夺丰收。

处暑伏尽秋色迷，不适烟叶要剥离。

白露夜寒白天热，采烤收购有计策。

秋分秋雨天渐凉，采烤结束要趁早。

寒露草枯雁向南，收购工作做妥善。

霜降结霜又结冰，全年收购渐渐停。

立冬大雪到小寒，整地规划莫偷懒。

大寒虽冷烟农欢，苗床选点不要乱。

伺候的

蔬菜也是需要

职业：菜农　　姓名：马力　　性别：男

年龄：七十一岁　　民族：汉族　　学历：初中

采访地点：北京市怀柔区桥梓镇新王峪村星空小院

采访时间：二〇二二年六月十一日

　　新王峪村里有一家民宿叫"星空小院"，网上预订很火爆。在小院卧室的床上打开玻璃天窗，可以看见满天的星斗。最近，"星空小院"在其名称前加了"慢姑娘"三字，可能是又加入了新的连锁。小院的经营者是两位姐妹，她们平日在怀柔城区打工，周末回来营业。她们的父母就住在小院一角，另走旁门，我看了一眼老人的居室环境，非常杂乱，虽与小院一墙之隔，但和时尚、现代的民宿，相差太远。特别是看见她们的父亲马力拿着一把锄头从屋里出来时，我感觉有一种特别的不协调感。

　　马力今年 71 岁，有着健康的瘦和黑，看上去要比实际年龄小很多。初次见到马力，他给我的印象是比较能说，交谈后觉得这可能与家传有关。

　　马力的父亲名玉泉，字蕴山。有名有字，有泉有山，这在昔日贫穷的山区，可是一景。马玉泉兄弟两个，其在长。据说他脾气不大好，但小有才华。在他读私塾的时候，极具灵性，上学不足一年，教私塾的先生就对学生说，写水笔字，你们要和马玉泉学。

　　马玉泉上了三年的私塾后，就去天津的面粉商号当学徒去了，后来不知何故，又来到北京的商号工作，算是见过世面的人。

马力开着工具车
下地

　　1947 年，解放战争扩兵时，马玉泉参加了解放军，通过他爷爷的
关系，在部队担任后勤工作。曾和当时任冀热察行署供销社主任、负责
保障战争后勤的王纯共过事，王纯后来成为北京市副市长。

　　中华人民共和国成立后，马玉泉转业到怀柔县粮食局工作，任主管
会计。1961 年，为响应支援农村建设，他回乡参加农村劳动，在大队
当会计。因写有一笔好字，村里的宣传标语全被他包了。

　　马玉泉生育有四子三女，长子一岁多时幼殇，长女十多岁时在沙峪
口水库游泳时溺亡。

　　马力成了家里的老大，在县城上的怀柔二中，初中学历。弟弟马滢，
高中毕业，工作后获得中央党校本科学历。善吟诗作画，谈古论今，被
村里人称为最有学问的人，马氏家谱由他负责编纂。

　　1975 年，马力初中毕业后，在怀柔尼龙丝厂工作，后在钢丝厂工作。
工作似乎没有离开丝，那时他每天骑车上下班，漫长的村路，就是不尽
的千丝万缕的青年时光。

　　因为很早拥有非农户口，马力常常引以为豪。2003 年，钢丝厂彻
底倒闭。2006 年，马力办理退休，回家务农。

地不大，但各种
菜都种上一点儿

　　家里以妻子和女儿的名额分得的口粮田，十分有限。前几年，因退耕还林政策，村里征集土地，每亩地每年补助2000元。马力家里劳动力少，他家的田地不算肥沃。但他还是不舍得交出土地，他对那几亩地魂牵梦绕，似乎是要补偿那些年离开土地的时光。对于一个曾经是城里人的他，重新扶起镐头，他并没有什么身份转换的困惑，可见他是一个脚踏实地、随遇而安的人。

　　马力的菜园子就位于山脚下果树林地的间隙中，每次锄地都可以拣出大大小小的石块。这里原来是杨六郎打仗的地儿，叫流血胡同。后来修水库，建水渠，这里自然的河道消失了。因此，地里有许多河床的遗迹，土质不算强。虽然不是靠天吃饭，但浇地仍是一个难题。要等水库放水，存蓄在水渠里，再用泵调上来，然后用管子导入田里。

　　虽然菜园子不大，但种类丰富，空间利用率高。黄瓜、西红柿都搭有架子；茄子、洋白菜席地而卧；葱和地瓜都骑在垄上。菜园子里还有萝卜、豆角、辣椒、西葫芦、柿子椒、蒜、韭菜等。每个品种也不多，相互比邻。

　　因为品种不单一，季节、习性差异大，马力有条不紊地呵护着它们的生长。可以想象，马力家的饭桌上丰富的菜肴，且食材全部都是自给自足。

　　我问马力，如此投入劳力，为何只是满足自家食用需求？为什么不再扩大一点儿，到市场销售？他说，人的精力有限，不能兼顾，在农村保障收了的，一般不能种，种了，就耽误收。

　　如果为了大批量生产，就要按需种植，品种要选择利润高的。还要有塑料大棚，机器浇水撒农药。可是，自家的地，非常狭小，不可能搭

洋白菜要防虫

建大棚，无法实现大规模生产。

马力说，过去是自家收集菜籽，现在不行了，保留的菜籽不容易生长。现在种菜都需要购买菜籽，甚至菜苗。

他说，现在虫子太厉害，市场购买的防虫剂使用方便，但他从不把药剂喷洒在菜叶表面，宁可费些功夫，把药剂都撒在地表，再转化吸收。

肥也是用农家肥，每年他都要去养羊的人家拉羊粪，现在村里种地的少，羊粪需求量下来了，20元就可以买一大车。有时，还可以白拉，算是帮养羊人家起羊圈了。

马力说到这些时，我感到他有点儿投其所好，他知道城里人现在讲究这个，好这一口。甚至，他还有点儿沾沾自喜，一脸光荣的样子。就差说"绿色、低碳、健康""无公害""原生态"这些时髦词了。

女儿和女婿开办民宿，虽没用他出资，但他种的绿色蔬菜，正好派上用场，深受游客喜欢。尤其烤玉米，烤白薯是必备的农家饭。

马力不但要伺候地，还要照顾老伴儿和外孙。马力的老伴儿患有肾病，每周两次透析，根本无法为菜园子出力。两个女儿现在都在城里上班，孩子都放在他这里，他负责带外孙子。这情景，真有点儿和城里人一样，"妈妈生，姥姥姥爷养，爷爷奶奶来欣赏"。

就在我采访马力的时候，他的小外孙不停地喊他，他每次都要答应，还要起身看一下楼下的小外孙。马力说，小外孙说了，要对他好，长大了，会给他买玛莎拉蒂。

菜园子里开满
鲜花

附：蔬菜种植流程

一、种子

种菜需要种子，不同的种子发芽长成小苗所需的时间不一样。通常有两种方式让种子生出小苗。

1. 直接播种

有些种子比较容易发芽，那么一般来说这样的种子就可以直接种到地里，通过浇水让它发芽长成小苗。

2. 育苗移栽

有些种子如果直接种植在地里，发出小苗的概率低，也是人们常说的出苗率低，那么后期就不得不再去播种，这样效率很低。因此，对于这类种子采用育苗的方式就比较好。

所谓的育苗，就是将种子种在育苗盒里或者花盆里，等小苗长出来之后。一般是等到小苗长出 3~5 片真叶之后，再移栽到地里。这样就解决了出苗率低的问题。

二、土壤

无论是在花盆里种菜，还是在菜园里种菜，土壤都是必不可少的。当然还有水培、无土栽培等其他方式，但那不是我们今天要讨论的话题。多数蔬菜种植都是需要土壤的，土壤好对蔬菜的生长是非常重要的。沙土、黏土都是不利于蔬菜的生长的，因此就产生了各种可以改变土质的方法。

三、浇水

蔬菜由小苗至长大的过程中，定期浇水是必不可少的，一般来说温湿的土壤更有利于蔬菜的生长。不同品种的蔬菜对水分的需求不一样，但大体上不会差太多。只要不是过干，或者是水过多造成积水，一般蔬菜是能够正常生长的。

四、光照

蔬菜在生长的过程中，需要不断地通过绿色的叶子进行光合作用产生能量，充足的光照是所有蔬菜和绿色植物生长所必需的。只是不同的蔬菜需要的光照时间不一样，有些蔬菜在过强的阳光下会长得不好，比如说生菜、菠菜这种叶子菜，一般在春秋会长得更好一些。

五、肥料

生长在土壤中的蔬菜，最初时比较小，所需的营养比较少。但随着蔬菜不断长大，土壤所能提供的营养就不够了，这时候就要施肥。

一般的肥料都能够满足大多数蔬菜的生长，但是只有对肥料的了解越多，对蔬菜的了解越多，才能够为不同生长阶段的蔬菜选择这一阶段所需的肥料。

六、温度和蔬菜的生长周期

不同的蔬菜的生长周期是不一样的，有些蔬菜 20～30 天就收获了，有些蔬菜可能要 6～8 个月才能够采摘。要根据所在地区的温度情况来选择适合种植的蔬菜。

七、日常管理

蔬菜在生长的过程中，不可避免地会有各种病虫害。一般来说生长期时间长的蔬菜生病的概率会更高一些。有些蔬菜在生长过程当中需要进行修剪，这样可以保证蔬菜的通风良好，减少病虫害，比如西红柿、黄瓜等。有些蔬菜在生长的过程中需要搭架子，比如说有些品种的豆角或攀爬的西红柿。

种果树

每棵杏树结的果味道都不一样

职业：种果树　　姓名：赵瑞　　性别：男

年龄：七十七岁　　民族：汉族　　学历：小学

采访地点：北京市怀柔区桥梓镇新王峪村大杨树果园

采访时间：二〇二二年六月四日

　　赵瑞号称新王峪村最大的果木种植专业户。他的父亲是老村民，兄弟三个，名字依次为宗金、宗浩、宗顺。到赵瑞这一代，兄弟姐妹5个人，名字全是两个字。我问他这是如何排的辈分，他解释了半天，也没说清楚。问他家有没有家谱。他说当初有一本，要传给他，他没要。我又问祖籍是哪里的。他说，是山东大槐树。我追问，是不是山西？他也说不清。可见家族对此的忽视。

　　赵瑞的父亲是村里的木匠，在各家干活儿，在各家吃饭。因此，节省了家里的粮食，这在当时可是个大问题。

　　赵瑞在上王峪村上的小学，在山外的平义分村上的高小，学校离家有五六公里，那时全是土路，上下学都是步行，冬天真的是披星戴月。他有一双胶皮底的布鞋，在孩子们当中，就算是好鞋了，来回走山路，破了口子，冻坏了脚后跟。没鞋上学，只好旷课。

　　赵瑞说，他是家里的老大，7岁就下地拉犁耕地，小学五年级毕业就回家务农了。

　　1960年，15岁的赵瑞随家人搬迁到新王峪村居住。两个村子分家时，新王峪村有个叫张广山的负责人，是个头脑灵活的人，他用位于上铺山上的小面积的耕地，置换了离村近的面积大的砂石地，当时上王峪村还认为是占了便宜。可是后来，村民改良了这块砂石地，在黄土上掺沙子，改变了黄土松软、黏性结板的缺点。而且此地距离引水渠近，竟变成了稻田，解决了村里的口粮。上王峪村后悔了。

　　赵瑞的父亲是大木匠，打房梁、打棺材、打大衣柜。他有时帮父亲干活儿，但他性子急，有时父亲在前面放线，线还没放完，他在后面都已经开锯了。他本来可以继承父亲这门手艺，不愁吃饭。但他自小好强，也爱面子，觉得整天在别人家吃饭，看人脸色，再好吃，也是软饭。

　　后来，赵瑞的父亲当上了村里的队长，领着人在村里开山造田，学大寨修梯田，学林县修引水渠。他就在工地干劳力，开石头、筛沙子。工地连部就设在他家，这下又解决了吃饭问题。

　　也就是在工地上，他认识了从桥梓来的一位姓孟的姑娘，通过当连长的表哥介绍，两人结了婚。那时，赵瑞都31岁了，他的弟弟都早已成婚。赵瑞可能觉得自己长得人高马大，家里条件好，挑来挑去，以致挑花眼了。

　　赵瑞比姑娘大9岁，为此女方家里不放心，托人打听赵瑞晚婚是不是出身有问题。聊到这儿，我插话，开了句玩笑：和着不是打听您老身体是不是有问题？

1970 年前后，"文革"最轰轰烈烈的时期，北京市委书记彭真的秘书（女，姓丁）在新王峪下乡蹲点，因为这一层关系，新王峪村近水楼台先得月，所以在全县率先用上了手扶拖拉机。那年代，甭说怀柔，就是全北京市，有拖拉机的村也为数不多。整个桥梓镇，也就两台。

赵瑞当上了司机，开着"手扶"到处跑，很是风光。而且，开"手扶"每天有补助，一天一斤粮票，到县城，补助一斤半粮票。不仅有饭吃，还不用到人家吃。

他有时开着"手扶"进北京城送水果，开了眼界，他记忆深刻的就是东单、西单、朝阳这三个大菜市场，还有就是呼家楼、酒仙桥的水果店。那时没有高速，一早出发，晚上才能回来。

赵瑞总是有自己的想法，不愿受管制。他想多开垦点自留地，攒钱盖房子。

改革开放，包产到户，大队用不上"手扶"了，赵瑞自己花钱买了一辆，接着开。

退耕还林，加上修建大秦铁路，村里拆了水渠，地里全种上了果树。各种地段的地，分到各家各户。

赵瑞分得村后山坡的一大片地，因为当时此地还算放牲区，要保证平日有牲畜和牛羊进入放牧，所以，地的面积较大。后来，为保持水土不流失，这块地被禁止放牧，这里就全成了赵瑞的果园。

说起这块地，赵瑞娓娓道来：早先，这里是一片贫瘠的山坡，土层浅，砂石较多，村里有个老人带着儿子开垦荒地，使这里成了所谓的生荒地，种了一年玉米和白薯，才成为土地。老人还在此栽种了几棵杨树，如今，杨树已经玉树临风，浓荫密布，这里也被村里俗称为"大杨树"。中华人民共和国成立后，老人因多占的这块地，被划为了上中农成分。赵瑞说，我们这里管这样勤快的人叫"抱镐头的人"。赵瑞分得这块地后，继承了前人的传统。他的爱人，也是很能干，勤快，吃苦耐劳，两人一起建设家园。

赵瑞用"手扶"从远地拉来沙土，覆盖在碎石地上，加大了土壤的透水性，又使果树巩固了地基根系，不易长歪。他说也不能全是沙地，因为沙地晒久了会发烫，不利于果树生长。

他利用此地距离水渠近的优势，反复挑水。水渠废弃后，他就动手修理，引来山水。有电动车后，他又从山下拉水上山，保障了土壤水分充沛。

他自己动手熬制杀虫剂，用大锅熬制石灰、硫黄，再配制成不同的浓度，然后结合天气变化及果树生长周期进行喷洒。自制的杀虫剂经济实惠，药效强且低毒，残留少。如今，他还通过刷抖音接受新的科技手段，学会用白醋、小苏打、白糖、草木灰等制作杀虫剂。

他用畜禽粪便、农作物秸秆等原料，经无害化处理、腐熟工序，复合而成兼具微生物肥料和有机肥效应的肥料，给果树施肥。

他还积极学习科学种果树与民间传统栽培技术，如采用嫁接方法，用黑枣树作"砧木"，用柿子树的枝、芽作"码子"嫁接。黑枣树抗寒、抗旱、耐涝、抗病、抗虫，优点是皮实，缺点是果子小，不好吃，经济效益低。柿子树的优点是品种好、生长快、结果早、经济效益高。嫁接之后，可以扬长避短；利用环割树干手法，暂时阻断叶片制造的有机物等营养物质向下输送，从而能够提高环割口以上的营养含量，这起到提高果树的坐果率、促其花芽分化的作用。又如培育杏树树苗，秋季用湿沙掩埋进行冬季沙藏，或用冰箱冷藏，早春时播种，有利于树苗更好生长。赵瑞说，经过松鼠叼过的桃核，生长得更好，可能是和它的唾液有关；还有就是通过剪枝可以控制果树大小年。枣树春天实施剪枝，可以控制升高，利于秋季方便采摘；利用疏果，把拥挤果、小果、残果、

赵瑞在给栗子树间果

病果、形状不正的果疏掉，使果在树上、枝条上分布均匀，充分接受养分，发育正常，长大果，长匀果，也就是优胜劣汰。

正是因为赵瑞的努力付出，他的果园逐渐成为村里最繁盛的果园，加上山坡地通风好，虫害少，他的水果产品远近闻名。他果园里的水果品种也繁多，有杏、梨、枣、柿子、桑葚、桃、草莓、苹果等。

赵瑞说，现在人们嘴里的东西太多了，挑得厉害。加上物流迅速便捷，各地水果都可以见到。老年人喜欢新疆水果，年轻人又喜欢南方水果。因此，北方山区水果销售一直上不去。赵瑞说好一点儿，也就收入1万来元，有时持平，收成与劳动付出不符。许多水果都出不了村子，自产自消，是消费的消。种树，已然成为消遣和锻炼身体的方式。

快80岁的赵瑞，有时还开着大江摩托，到附近的城镇居民楼下销售，这让家里人很是不放心。

我建议他开个抖音，直播带货，他说，那也需要专业，他不会表演。

现在，又面临退林还耕，据说砍了果树，还会有补助。果园今后出路还说不好。

赵瑞有两个儿子，一个干销售建材，给建房子的送水泥、沙子。一个在怀柔镇园林局当公务员。他们平日很少到果园来，有时就是打个电话，也会来摘点自家的无公害水果送给亲朋好友。

赵瑞的老伴儿在
果园里摘杏

附：果树的种植与管理技术，种植果树的正确流程

1. 栽培果树时，一般要选高燥或排水良好的地方，挖穴时尽量挖大挖深，并施足充分腐熟的有机肥做底肥，回填土填压后，再种植果树，种植果树时一定要浇透水，防止干旱。

2. 根据自己的种植目标选定适销对路的品种，每一种果树都可能有许多品种，如葡萄，有黑提、红提、巨峰、美人指等，有几十上百个品种，有的适合鲜食，有的适合酿酒，有的适合做葡萄干。找对自己所要种的品种，是种植果树的关键。

3. 选择健壮无病的果树苗，根系尽量要完好粗壮，这样可以提高成活率。

4. 果树移栽时要尽量带土，以保护根系少受损伤。

5. 果树种植要选适宜的时期，大部分果树都宜在春季休眠结束前进行种植。

6. 种植果树时，如果是株型较大需要移栽的果树，要多带土，还要对树进行整枝修剪，去掉树头过多的枝叶，以减少蒸腾量，提高成活率。

赵瑞一边带孙女，
一边接受我采访

还可注射一些营养液进行维护。

7. 种植果树要根据所在地区的气候选择适种的种类及品种。比如，种荔枝、种香蕉在北方就行不通。

8. 株型较大的果树要搭支架固定，以防倒伏。

赵瑞两口子开春
修剪果枝

面红耳赤的酱肘子

职业：制熟食　　姓名：张桂芹　　性别：女

年龄：五十九岁　　民族：汉族　　学历：初中

采访地点：北京市怀柔区桥梓镇新王峪村四十二号

采访时间：二〇二二年九月二十三日

早上起来，就听见村主任在喇叭里广播：想买熟食的到张桂芹家去购买，有酱肘子、米粉肉、梅菜扣肉等。那天，在吃村里有名的厨师宋师傅炖的鱼时，我还问他会不会做熟食？巧得很，张桂芹就是我家的东邻居。

张桂芹是昌平崔村镇南庄营村人。崔村镇是典型的半山区，坐落在翠花山脚下，镇境内有横穿东西的京密引水渠，另外还有1959年建成的南庄水库，位于南庄营村北，紧邻慕田峪长城，盛产板栗。从"半山区""京密引水渠""水库""长城""板栗"这些地理元素中可见，崔村镇的地理环境和新王峪村的十分近似，甚至属于同一纬度。

张桂芹的父亲是村里有名的木匠，打箱子一绝，号称"箱子张"。尽管如此，家境还是贫穷，因为孩子太多。家里有哥儿三个、姐儿三个，张桂芹是老五，她下面还有个妹妹。全村300多户人家，只有张桂芹家住土房，可见家里有多困难。

张桂芹在村里上小学，后在镇上上中学。

1982年，父亲远走贵州打工后不久，三哥因为打架，进了拘留所。母亲一夜急白了头，后来还落下半身不遂，一家人生活沉入谷底。当时，姐姐已出嫁，张桂芹和妹妹只好退学回家，照顾年迈的爷爷、奶奶和生病的母亲。

南庄营村原有一位单身女人，叫张淑兰，经介绍嫁给了新王峪村的迈中芳，嫁过来的时候，她带着3个半大孩子及1个未出生的遗腹子。如此条件，可见迈中芳家境有多不易。张淑兰带来的4个孩子，2男2女，后来两个男孩分别改名叫迈德龙、迈德才。

1985年，经人介绍张桂芹和迈德才结婚，原本同村的张淑兰成了她的婆婆。两个典型的贫穷家庭，走到了一起。在距离灯红酒绿的北京城不远的地方，他们艰难地生活着。

张桂芹婚后生了两个女儿。由于常年劳累，她得了哮喘，借了大队书记10万元看病。后来，她被安排到村里的山吧饭店里，负责做面食。我问她如何还掉借的钱？她说，还不是从牙缝里挤出的钱。

1987年，迈德龙赶上城里工厂下乡招工，成为城里人。迈德才和妹妹因修铁路获得农转非，到县城水泥厂工作，后到顺义尼龙厂工作，直到这时家境才有所好转。工厂倒闭后，迈德才回乡务农。他不怕被人嘲笑，经常在村里捡垃圾，只为多挣点儿钱。

尽管张桂芹得过哮喘病，但她性格开朗，快人快语，还爱唱歌，经常到村里广播站里给村民演唱。她嘴里经常有一些当地俗语，如"面热""嘴壮""饥荒"等。

两个女儿先后结婚，张桂芹也有了外孙，生命得到了延续，生活就这样艰难向前。前几年，他们家盖起了新房，家终于有了模样。

张桂芹的大女儿和女婿现在都在奥林匹克公园做物业。女婿是大专生，家在怀柔，家中有拆迁房出租，他的父亲有祖传酿制熟食的秘方，而张桂芹家有地方和销路，如今两家开始联手制作熟食。

制作熟食的主要货源来自顺义肉联厂，佐料全是绿色食品，工艺过程也是纯手工，目前还是小批量生产。其熟食制作工序复杂，都是秘制，用30多年的老汤勾调。主要特色：出锅后用老冰糖调色，肉品色泽油亮，软糯而不失弹劲，猪肉腥味尽除。隔天用塑封冷藏，口味劲道、蜜香、淳厚。

他们计划明年在院里盖新房子，扩大生产车间，建成流水线，引进大冰柜、大锅灶，办理营业执照、注册商标，并加强防疫卫生，做广告，印制包装礼盒等。小院的兴隆，指日可待。

张桂芹在院子里
展示大锅蒸屉

附：酱肘子技巧

　　酱肘子讲究入口即化，肥而不腻，营养丰富，色香味俱全。酱肘子含有非常丰富的蛋白质和胶原蛋白，对于体弱多病的人群和成长时期的儿童来说，具有很好的营养补充作用，日常生活中适量吃，在一定程度上还可以增强自身的体质和免疫力，减少各种疾病的产生，促进皮肤细胞的新陈代谢，使皮肤更加紧致光滑，对于女性有一定的美容作用。

一、用料

　　肘子1个、家乐潮汕卤水汁料包1包、八角3个、香叶1片、葱2棵、姜1块、盐适量、生抽4勺、料酒适量、十三香1勺、白砂糖1勺。

二、做法及步骤

1. 肘子洗干净，凉水下锅，放葱姜，1勺料酒，焯水15分钟。

2. 撇掉血沫，焯好后放入高压锅备用。

3. 起锅烧油，少许油即可，加1勺白砂糖炒出焦糖色，加入4碗清

讲究秘制汤料

水（约800克），加入家乐潮汕卤水汁中的1袋料包，加入1勺酱油，1勺十三香，1片香叶，3颗八角，适量葱姜，适量盐（尝一下味道比平常做菜咸一点点就行），大火烧开。

    4. 把调好的卤水汁，浇在高压锅内的肘子上，压60分钟。

    5. 高压锅压60分钟后，再闷半个小时，出锅撒上适量葱花。

张桂芹在酱肉

冰糖葫芦背后的苦涩

职业：制冰糖葫芦　姓名：何继兰　性别：女

年龄：六十岁　民族：满族　学历：初中

采访地点：北京市怀柔区桥梓镇新王峪村三十一号

采访时间：二〇二三年一月七日

新王峪村盛产杏、栗子、核桃、柿子、山楂等，但销路一直不好。近在咫尺的北京城里人对口味的要求越来越高，要吃杏脯、糖炒栗子、枣夹核桃（早想和你在一起）、柿饼、糖葫芦等。但各种水果的加工工艺、生产规模、推广销售以及投入的资金和劳力成本，在小小的山村都是个大问题。

何继兰是村里早年制作糖葫芦的人之一，如今已经 60 岁的她，为了方便我拍照，特意在家翻出老工具，又做了一回糖葫芦。她当然也不会白做，小外孙在一旁等着吃呢。她说，平日小外孙要吃糖葫芦，她也懒得做，折腾半天，还不如到镇上买一串合算，因为一串糖葫芦才 5 块钱。

何继兰是河北省承德市丰宁县上黄旗乡城根营村人。我注意到她在介绍自己家乡时，刻意强调地名是"上黄旗"，其实现在地名已没有"上"字，可见她对自己祖上的皇族身份比较在意。

黄旗镇正是原清朝上黄旗辖地，清代四旗厅四大集镇之一，属深山区，拥潮河源，土质肥沃，气候温凉，雨量适中，极适于耕种。相传康熙与祖母孝庄皇太后狩猎曾途经此地打尖，觉得当地小米饭味香似茶，口感如肉，回朝后确定黄旗小米为朝廷贡米。

何继兰说起自己的父亲也是一脸显祖扬宗的气势。他的父亲是镇上著名的老中医，家族祖上开有"回春堂"号中药铺，据说给慈禧太后看过病，也给俄国、意大利驻华使馆的人看过病。何继兰的父亲并没有将医术传给儿子，而是传给了他最小的女儿。小女儿现嫁到昌平，在一家诊所帮忙，准备考中医执照。何继兰的父亲在 2022 年底疫情放开后，患病逝世于唐山。室内挂着的遗像上她父亲头戴道教的道巾，有点儿仙风道骨的气质。

按说何继兰的家乡条件还不错，但何继兰还是随着那个年代的潮流，进京打工了。还有就是他家姐儿四个、哥儿三个，孩子们的温饱是个棘手的问题。

何继兰 1963 年出生，在家乡读完初中，便回家务农。1985 年，来到北京顺义当保姆，后在一家理发馆打工。

1986 年，何继兰经人介绍嫁给新王峪村的朱精兵，那年她 23 岁，丈夫才 19 岁，她比丈夫大 4 岁。朱精兵 16 岁时就没了父亲，家境贫寒。他有两个姐姐，早已出嫁，家里怕他说不上媳妇，也为了他早日成家立业，成为家里的顶梁柱，便给他找了个大媳妇，并及早成婚。他的大姐是农转非，嫁给了北京城里的一位教师，他母亲现在和大姐住在一起，已经90多岁了。

等到丈夫到了法定结婚年龄，他们才正式办理了结婚证，随后他们生了两个女儿。如今大女儿结婚后生了一个男孩儿，小女儿28岁了，还没结婚。

大女儿的孩子7岁后在沙峪口上小学。何继兰每天骑自行车负责接送小外孙上下学，也就是那年开始，她自学制作糖葫芦，一边在校门口等接孩子，一边卖糖葫芦。

一开始，她做的糖葫芦并不成功，蘸糖火候不对。后沙峪口一位制作糖葫芦的老专家传授给了她经验，蘸糖时不能等到糖熬到气泡太大时蘸，要早些蘸，并在大理石板上撒上香油，这样出冰糖效果好。她这才掌握了制作糖葫芦的技巧，成为上下王峪村制作糖葫芦的高手。她说，糖葫芦给自己家的孩子吃的什么样，给别人家的孩子吃的就是什么样，因此，质量都是有保障的。

那时，她顶风冒雪送孩子上学，还要抓紧时间回家制作糖葫芦，然后赶回学校出售，再带孩子回家。节假日，她还在上下王峪村里出售。有的时候，看见有嘴馋的小孩在一旁观望，又没有大人跟着，等小孩们散开后，她便白送给他一支。

何继兰老公曾做了几年装修队里的瓦工，后来在怀柔镇上某个小区烧供暖的锅炉。一天，他骑着电动车上班途中，为躲一只在马路上奔跑的小猫，电动车翻了，压折了他的一条腿，髌骨粉碎，被送到北京安贞医院急救，虽然保住了大腿，但还是落下了残疾，至今腿里还留有钢板，不能干重活儿，平日在村里的一家画廊看门。

祸不单行，何继兰大女儿又患上了肾病、心衰病，每周要透析三次，需要一大笔医疗费，为此，她被丈夫离弃。为了让外孙有个母亲，何继兰想尽一切办法，为女儿治病。

经过家传中医秘方的调理，女儿的病有所好转。但有朋友推销安利蛋白粉，她碍于面子，购买食用了一些，却引起女儿病情反复，加重了肾衰竭。长期透析输液使血管粘连，女儿最近又做了手术。

面对这一切，何继兰说她自己不能垮了，否则这家谁还能撑着。大女儿原在顺义一小区里搞物业卫生，为了保持住这份收入，何继兰一边

蘸糖的山楂串颜
色红彤彤

带外孙，一边到小区替女儿搞卫生，可以想象，她一年到头，要付出多少劳力。因此，现在她实在无暇制作糖葫芦了。

何继兰心态还不错，一直积极乐观。她说小外孙也说要学医，长大后照顾妈妈。何继兰说，为求转运，她现在信佛了。

附：冰糖葫芦制作流程

冰糖葫芦又叫糖葫芦，在天津又称糖墩儿，在安徽凤阳叫作糖球。冰糖葫芦是中国传统小吃，起源于南宋，它是将野果用竹签穿成串后蘸上麦芽糖稀，糖稀遇风迅速变硬。糖葫芦是北方冬天常见的小吃，一般用山楂串成，糖稀冻硬，吃起来又酸又甜，还很冰。

宋朝年间便有了糖葫芦的古式做法，《燕京岁时记》记载：冰糖葫芦，乃用竹签，贯以山里红、海棠果、葡萄、麻山药、核桃仁、豆沙等，蘸以冰糖，甜脆而凉。茶楼、戏院、大街小巷到处可见，现已成为中国传统小吃。冰糖葫芦具有开胃、养颜、增智、消除疲劳、清热等作用。

冰糖葫芦制作主料为山楂、草莓、苹果、葡萄等新鲜水果。

辅料为白砂糖、冰糖、蜂蜜、水、竹签。

一、穿果

挑选新鲜饱满、大小均匀的山楂，洗净，去根去蒂，将山楂拦腰切开，用小刀挖去果核，加入红豆沙、绿豆沙或其他你喜欢的馅料。然后将两瓣合上，用竹签穿起来。

二、熬糖

糖与水按照 2 : 1 的量倒入锅中，用猛火熬 20 分钟左右，其间可以搅拌，注意 20 分钟之后水已经很少了，沸腾得非常厉害，并且，糖已经冒出了细小密集的泡沫，就像浅金黄色啤酒。可用筷子蘸一下糖浆，如果能微微拉出丝来，那就表示已经熬好了。若时间过长，颜色就会变成棕色，能明显地拉出丝就表示糖已经焦了，便失去了原本的甜味。切记，在熬糖的时候尽量不要吹风，这样才能使糖色透亮。

三、蘸糖

将锅子倾斜，可以让山楂全部都蘸到糖。将穿好的山楂贴着熬好的热糖泛起的泡沫轻轻转动，裹上薄薄一层即可。蘸糖环节看似简单，但很需要技巧。如果糖裹得太厚，吃下去一口咬不着果，是比较失败的。糖要蘸上薄薄而均匀的一层，即算成功。

四、冷却

将蘸好糖的山楂串放到水板上冷却两三分钟即可。所谓水板，是指光滑的木板，在清水里浸泡过较长时间，温度较低，同时木头具有吸水性，可以帮助糖葫芦冷却定型。在家里制作的时候，可以用砧板代替，只要使用前将砧板放在清水里多浸泡即可，大理石板也是不错的选择。

提示：成功的冰糖葫芦，出锅后外面的裹糖会迅速冷却，咬起来是嘎嘣脆，完全不粘牙的。要达到这种效果，熬糖是最关键的，熬的时候一要注意火候，火候不到容易发黏，吃时会黏牙；而火候太大，不仅颜色重且吃起来发苦。熬好的糖稀，肉眼可见糖浆浓稠，糖稀有轻微拉丝时，就立刻关火，将其浇在糖葫芦上即可。否则，糖稀就会变得又干又硬，无法继续制作。不能贪图方便把糖葫芦扔锅里，这样果子就酥了，也是失败的。

何继兰在展示
成果

储存甜味

职业：制杏干　　姓名：马河　　性别：男

年龄：八十一岁　　民族：汉族　　学历：初中

采访地点：北京市怀柔区桥梓镇新王峪村四十一号

采访时间：二〇二三年六月二十四日

　　马河是我租住房子的东邻居。记得刚来村里的时候，一次下大雪，马河看见我，说了一句："没吃，家里吃吧。"长者的宽厚样溢于言表。我知道他是转业军人出身，早年是村里的村书记。说话有板有眼，走路稳稳当当，一身带样的气质，把经历全都体现了出来。

　　1942 年，马河出生在王家峪。他的名字原来是马和，后来算命的说马离不开水，就改为马河。

　　马河说自己的祖上是山西的移民，那时他家就住在现在沙峪口水库的库区内。马河介绍王家峪村马家的先祖叫马笙。他父亲叫马立泉，父亲生了 3 个儿子，他是老二。

　　1949 年，中华人民共和国成立，马河也上了小学，开始了新生。当时，小学校就在村边上。小学毕业后，就到茶坞的娘娘庙上了两年高小。本想到红螺寺的怀柔中学上到高中，但没考上。就进入了茶坞公社的一所民办中学，但高中文凭不被承认。

　　马河中学毕业后，回村务农，当了一年的民兵连长。

　　此时，沙峪口水库刚刚建成，马河一家搬到了新王峪村，一家人住在村子西头。

马河老两口儿在
家闲聊

1960 年，马河参军。部队在山西晋中的榆次，负责驻守太原。他们部队是团直属的独立二分队，有三个兵种：警卫兵、工兵、侦察兵。马河是工兵，负责基建和搭桥等，由于他有文化，表现突出，入了党，担任了班长，还代理过排长。

1967 年，经叔叔介绍，与顺义的良善庄村的张景明结婚。他的岳父也是一名老兵，跨过鸭绿江的，后来南下，从长沙因病转业。

1968 年，马河退伍转业，回乡务农。一开始在七机部五厂招待所当厨师。

因为年轻、有文化、当过兵，马河属于培养的骨干。他在村里专案组负责内查外调，经常外出。

1970 年，马河成为村支部委员、村委会委员，负责团和民兵工作。1975 年，马河进入怀柔学习班学习会计。一年后，他当上了村里副书记，1978 年，马河成为村书记。

马河生了三个女儿，由于违反当时的计划生育政策，属于超生。受此影响，1980 年马河被转成村委会主任兼会计。1997 年转为村委会副主任。直到 2007 年，马河 65 岁的时候，才正式离开村委会。

马河在家门口晒
杏干

马河的三个女儿如今一个在昌平福田汽车厂工作；一个在通州机械厂工作；一个在怀柔商场工作。都是普通人，过着平凡的生活。

马河回忆，早年村干部都是要下地干活儿的，而且要带头干活儿，不计报酬多少。晚上还要做统计工分，计划派工。

他说，有两件事值得炫耀：

一是1984年村里修建大秦铁路时，他提出利用工程机械开凿山洞所废弃的石料，修一条村主干道，并修整河道，使得村居背靠山坳，前面有罩山，村落格局为月牙式居于其中，村前有路及河道经过，形成山环水抱，怀中抱月；玉带环腰，曲水环绕；藏风聚气，财源滚滚的宜居风水。

二是九十年代沙峪口水库在村里，打了一口机井。2000年后，水库管理者要办理该井的征用土地，在协商水井归属及使用权益时，马河据理力争，让机井使用权留在村里，保障了村里用水方便。直到现在，村里还在使用该井浇地及生活用水，恩泽四方。

还有一件事就是1990年，村里在修建猪场挖沙子时，挖到古化石，马河知道后，第一时间进行了保护，并上报文物局。经专家考证，原来是猛犸象象牙，被送到红螺寺展出，是怀柔地区远古生态考古的重要证据。

马河说王家峪的杏分老爷脸、香白杏、铁巴掌等品种。春寒和春旱都对杏的品质有影响。

他年轻时赶着马车或开着运沙车拉着杏到北太平庄、大钟寺等地批发市场送货。

近年，杏树承包到个人，属于自产自销。因为附近半山区都产杏，不好卖，到远处卖，运输成本大。特别是受南方水果冲击，杏在城里也不好卖。而县城的杏罐头、杏果脯、杏干、杏酱的加工厂也都倒闭了。因此，造成本村杏的积压。

马河说，自己闲不住，把吃不了的杏有的就在自家门前摆摊出售，再不行的，就加工做成杏干、杏酱，其余的杏核砸了再制作杏仁。

已经81岁的马河每天早上开着大江摩托车下地干活儿，给果树剪枝、浇水、打药、施肥。有的地就是他在山根儿下开垦出的几垄地，平日种点儿菜。

我看见他健硕的背影，逐步远去，阳光照在他的肩上，就像苍天送给他的两枚金色的肩章。

附：杏干制作方法

1. 新鲜的黄杏清洗干净，沥干水分。黄杏建议选择用硬一点儿，或者带点青头的小杏，不要用太软的，不然煮的时候就成杏子酱了，黄杏的个头儿越小越好。

2. 把杏子中间用刀划一圈，分成两半，去掉杏核。如果杏子较大，就分成四半，美观度差点儿。

3. 把所有的杏子去核后，和细砂糖拌匀，进行腌渍。

4. 使细砂糖均匀地包裹住杏肉，加盖密封，放入冰箱腌渍 6 小时。

5. 把杏肉和腌渍出来的糖水，一起倒入汤锅，开中小火加热，糖水要没过杏肉，如果糖水不够可以加少许纯净水，注意不要加多了。加热的时候不时搅拌下，防止糊底，煮至沸腾后，再煮 30 秒关火、煮好的杏肉泡在糖水中，冷藏 24 小时。

6. 把杏肉捞出来，用漏网沥干水分。

7. 把杏肉一层层铺在烤网上，放入果干机，设置温度 80℃，烘烤 12 小时，用果干机，一次烤四层，蒸好一炉。如果用烤箱，温度和时间一致，每次烤一层，如果是风炉烤箱，可以放多层，同时烘烤。

8. 12 小时后，果干机停止工作，取出烘干后的杏干。放入盖子上放凉，吃不完的，密封装罐。

小贴士：

1. 选购的杏儿尽量选择硬点的，有点儿青头也没关系。

2. 细砂糖用量不建议减少，因为硬的杏儿较酸，需要糖水浸泡，同时糖也是防腐剂。

3. 没有果干机，可以用烤箱烘烤，没有烤箱那就用太阳晒干。

4. 因为没有添加剂，保存的时候，选择干净的容器，吃不完的冷藏或者冷冻保存，如果有真空机，抽真空后冷藏保存，也很方便。

马儿你慢些跑

职业：养马　　姓名：魏建国　性别：男

年龄：三十一岁　民族：汉族　学历：初中

采访地点：北京市怀柔区桥梓镇新王峪村TOUCH马场

采访时间：二〇二二年八月二十日

住到新王峪村后，每天爬山散步，都要经过一个马场。在浅浅的山脊下，总会看见黑色、棕色、灰色、白色的马在场地上静静地食草，马场里散发出浓重的马尿味。这一切，与乡村的环境十分协调。

从网上得知：TOUCH假日牧场是一家以美国西部牧场文化为背景，集专业西部马术、青少年马术及休闲餐饮、商务接待为一体的综合马术俱乐部，马场有两处，分别位于北京市海淀区和怀柔区，其中包括国际比赛正规场地。TOUCH是中国首家美式马术教育机构，国际大师道格米霍兰德为本俱乐部的技术总监，引入专业REINING教学课程，首创青少年马术教育体系，整合跨界团队，旨在打造快乐健康的家庭生活文化平台。未来，TOUCH牧场将在全国范围内发展成全国连锁马术教育机构，致力于青少年智商、情商、体商的全面发展，中美两国教练同时授课，打造极致美式马术体验。

魏建国现在是这里的马房领班，也是驯马总教练。他是河北衡水市郊区桃城区的人，6年前来到这里工作。

魏建国在农村上完小学、初中，如今家乡已经无地可种，他便外出寻找工作，经人介绍，来到这里。

我问他，在老家时干过养马的活儿吗？他说，没有，现在家乡也没有马可养了，也看不见马了。

他说，他也是第一次和马近距离接触，他拜师学习养马技术，逐步掌握一套养马经验。毕竟，这里的马不是干活儿的马，比较金贵，有的马要卖几万元，有的是电影明星，经常参加古装片与战争片的拍摄。

现在，马场一共有13匹马，每一个饲养员都要对马的秉性、吃住习惯、身体状况等有清晰的了解。这样，才能及时处理养护情况，有问题时对症下药。

马场的马主要来自内蒙古锡林郭勒、新疆伊犁和河北丰宁的草原地区。他们在采购时，主要考虑马的健康、外观、性格等因素，由专业的养马师、兽医等专家参与，以保障马匹来源的纯正。

养马在中国有着悠久的历史传统，在农村极为普遍，经营相当丰富，因此，养马大同小异。当然，在这里养马和农村养马还是不完全一样，有着差别。一是饲养喂食定点定量，每天喂4次，夜里9点是最后一次；二是食料讲究，富有营养，有时还要补充微量元素；三是定期美容，修剪马的毛发、胡须、尾巴，修马蹄，钉马掌；四是马具讲究，都是进口的真皮马鞍、工艺马镫，冬天，还要给马穿冬衣。

喂养虽然以草料为主，但粗粮占比较大，草料一般从东北地区采购。为增加马的毛发亮度，时常在草料中添加矿物盐。

他们这儿一般是身兼数职，驯马师也是养马师，甚至是半个兽医。平时马患上感冒发烧，或磕碰擦皮外伤，都要他们自己及时处理；日常的服药上药、消毒清理等，除了重大疾病或缝针手术需要请兽医治疗的，他们都能胜任。

马场如果有马意外死亡，他们也不会卖掉，而是要找墓地埋掉，毕竟服役多年，有感情了。

马场的马同样要做绝育手术，防止配种，他们都是收购成年马、适龄马。

据说北京前几年建有马场上百家，现在只剩下 20 来家，像 TOUCH 这样的马场要投资几百万元，他们现在一般不接待散客，都是会员制，要 1 万~5 万元门票，因此，这里适合有钱有闲的客户。孩子居多，大人一般是陪学。

现代社会的快节奏发展，使马术的步伐尤其显得高雅古典，慢悠悠的，好看。

魏建国在备马鞍

附：马的养殖技术与繁殖

一、马厩

体高低于 1.5 米的马匹，单间面积控制在 8～9 平方米，体高超过 1.5 米的马匹，单间面积控制在 12 平方米。

1. 马厩要求干燥，通风采光条件良好，温度、湿度适宜，同时配备相应的供水以及排水设施。

2. 如果是封闭式的马厩，适宜温度以 6～12℃为宜。

3. 如果是体高在 1.5 米以下的马匹，单间面积控制在 8～9 平方米，如果是体高在 1.5 米以上的马匹，单间面积控制在 12 平方米左右。

4. 马厩内应当配备饲槽、水槽、喂草架等相关设施。

二、选种

骑乘马分为自然选种和人工选种，自然选种是根据自然气候和地理条件选择的，人工选择不仅要挑选优秀个体作种，而且要创造与选种方向相适应的培育条件。一般外貌、体尺类型、血统来源、生产能力以及后代的品质都是选择马品种的先决条件。

三、饲喂

马匹是直肠动物，肠胃比较小，吃多少拉多少，所以每天的牧草和水不能断，充分满足马匹的养分供给，让马匹能够快速生长，按照马匹的重量喂食对应的饲料比例。

1. 一般情况下，每天饲喂 3～4 次，其中包括晚上饲喂一次草料。每次饲喂间隔时间要求均匀一致且不宜过长，一般不得超过 8 小时。

2. 每天一半以上的干草料可以在晚上进行饲喂，方便马匹有足够的时间进行消化吸收。而精饲料一般在白天进行饲喂，分 2～3 次进行。

3. 一匹成年马每天自由采食的干饲料（包括粗饲料和精饲料）量为体重的 2.5% 左右，其中精饲料的比例需要根据马匹的运动情况进行调整。

4. 如果是不运动的马匹，每天饲喂优质干草即可。如果是轻度运动的马匹（每天运动时间为 1 小时左右，以慢步和快步为主），每天的精饲料饲喂占比为 15% 左右。如果是中度运动的马匹（每天运动时间为 1.5 小时左右，包括越障跑步或袭步），每天的精饲料饲喂占比为 30% 左右。如果是重度运动的马匹（每天运动时间为 2 小时左右，包括袭步或参加比赛），每天的精饲料饲喂占比为 45% 左右。如果是极重度运动的马匹（参加定点越野赛、三日赛、长途赛），每天的精饲料饲喂占比为 55% 左右。

5. 粗饲料每日采食量不得低于马匹体重的 1% 左右。

练马场绿树成荫

6. 马匹的饮用水温度不得低于 6℃，通常以 9～11℃ 为宜。

四、繁殖

选配就是有计划地将公马和母马进行交配，用以获得优良的后代，一般根据体型特征或亲缘关系进行品质选配。生产性能相同的公母马交配，以期获得与双亲品质相似的后代，巩固加强它们的优点，这样就叫同质选配，一般选择最好的公马配最好的母马，越高级的母马就要选择越优质的公马选配。

另一种则是异质选配，彼此都有不同的优点，这样选配出来的后代，兼有双亲不同优点，能够纠正不良性状，但不能用凸腰的公马与凹腰的母马选配。亲缘选配，即根据交配双方的亲缘关系进行交配，关系亲近的马匹交配叫近交，远堂兄妹之间交配叫远交。近交虽然能巩固优秀个体的有益性状，但会使后代生活力下降，适应性变差，繁殖力降低。所以要慎用。

1. 马属于恒温胎生动物。

2. 马属于季节性多次发情动物，一年四季均可发情，但以春夏季节为主，其中雌马的发情周期为 21 天左右，妊娠期为 323～337 天。

3. 幼仔在出生后 2 小时左右即可吃奶，3 岁龄左右达到性成熟状态，开始进行配种。小群配种时，如果是 3～5 岁龄的公马，公母比例一般为 1∶10～20。如果是 6～6.5 岁龄的公马，公母比例一般为 1∶25～35。如果是人工授精，母马的受胎率大约为 80%。

4. 一匹母马一生可以产下 10～12 匹马驹。

五、防疫

马匹抵抗力好，需要按季节打虫打防疫针，如果马匹出现腹泻或者其他病症，一定要做好驱虫工作，否则会影响马匹的生长发育。

小骑手英姿飒爽

养驴

我有一头小毛驴，从来也不骑

职业：养驴　　姓名：耿春英　　性别：女

年龄：六十八岁　　民族：汉族　　学历：初中

采访地点：北京市怀柔区桥梓镇新王峪村六十八号

采访时间：二〇二二年七月十七日

耿春英近 70 岁，高高的个子，留着长长的马尾辫，平时盘在头顶。她说留长发不是为显得年轻，而是每天梳头时可以舒经活血。原来，是为了真的年轻。

耿春英是怀柔怀北镇神山村人，是家里的老大。村里景象一般，但比新王峪村富裕，潮白河与她家擦肩而过，带走她的少年时光。1978 年，耿春英嫁到新王峪村王文华家，那时她 24 岁。

当时，王文华在怀北镇供销社当售货员。有一次，在进货的路上，发现有一位乡村邮递员骑摩托遭遇车祸，躺在路边，王文华把伤者徒步背到附近的村子，找赤脚医生进行包扎抢救。为报答王文华的救命之恩，伤愈的邮递员四下托人给王文华介绍对象，因为他认定王文华是个品行可靠的人。因此，有好几拨人都将王文华介绍给了耿春英。耿春英从小受奶奶疼爱，耿春英也为奶奶亲自做小脚布鞋，祖孙情感深厚。奶奶见了王文华，觉得他是个好人，在临终时就定下了这门亲事。奶奶过世时，还没办结婚手续的王文华，就以家人身份，披麻戴孝，算是把这桩婚事坐实了。

耿春英可以算是村里的女强人，早年做过建勤工。建勤工指对国道、省道、县公路及纳入省计划的乡公路的养护、修理和改建，包括公路的扫雪、防滑和水毁防护，路树的栽植、养育等。那时，她在养路队伙房，担任厨师工作一职，每月工资 36 元，还要交回村子 18 元。

20 世纪 80 年代，新王峪村创办了毛衣厂，许多女社员到毛衣厂上班，耿春英为其照看孩子，一开始就三四个孩子。后来村里修铁路，需要照看的孩子达到 15 个，达到办园标准。耿春英到镇政府申办幼儿园，为此，她撰写了教学大纲，自学了电子琴。幼儿园的资质被审批通过，这是新王峪村第一个幼儿园。

那些日子，丈夫王文华常年在外工作，她一人操持家务，服侍老人，还要带女儿、儿子。可想而知，生活艰辛。

农活儿之外，耿春英还养了几只羊。有一次，母羊下崽，公羊为争夺食物，将正在喂食的她给顶了一个大跟头，耿春英受伤卧床。气得丈夫王文华将公羊宰了吃了，从此再不养羊了。

王文华不仅会宰羊，还自学了宰猪、劁猪，这也是一门手艺，经常为村民服务。除此之外，耿春英家还养了鸡、鸭、狗。看来，她家和动物结下了渊源。

耿春英家东院邻居赵永祥家养了一头毛驴,耿春英有时路过,总会用自家的草料、剩余的梨喂那头毛驴。

2007年,邻居赵永祥患了癌症,实在无力继续养驴,他见耿春英一直喜欢毛驴,就主动找上门来说,如果高价卖到北石槽镇,最终也是挨一刀的命。看你稀罕这驴,2500元卖给你,连带碾子。日后,我不在了,这驴在好人家可以多活几年,你喂驴剩的草料,到时帮你嫂子烧烧炕。

话说到这儿,耿春英即使没钱也答应了。她在村里许多家借个一百二百凑够了钱,将驴牵到了自家院子。后来,赵永祥也踏实地走了。

2013年,耿春英的婆婆得病,住院抢救费用需要5000元,家里一时拿不出这么多钱。耿春英想,救人要紧,母亲只有一个,驴还可以再买一头,就想把驴卖了。

婆婆曾在家里接待过一位怀柔县城里的下放干部,那时他吃不饱饭,婆婆总是为其多煮一些白薯干吃。因此结下了"白薯干情谊"。后来,两家一直走动。那位干部当时从县烟草公司退休,听说耿春英为救婆婆想卖驴筹钱,就提出那5000元他出了。

耿春英两口子在用驴犁地

　　最终，这驴的命第二次被保留了下来，婆婆也多活了 5 年，2018 年，93 岁的老人家安详去世。耿春英孝敬老人的美名远近传扬，获得了镇上发的模范家庭的奖励。

　　这头毛驴如今已经 20 多岁了，虽进入晚年，但毛色依然红里透黑，每年还能褪毛，说明体质良好，还能干活儿。甚至，驴长得有些壮，驴鞍子已经套不上了。因为驴被喂养得精细，使得也不狠，还可以活个十来年。耿春英说，到自己晚年时，如果驴还在，还要给它找个好人家。前几年，耿春英也试图为驴配种，但没有成功，母驴并不是都能繁殖的。

　　毛驴按说具有拉车、拉磨、拉犁、耕地、驮物、驮人的活计，但耿春英这头毛驴除拉磨、拉犁、耕地农活儿外，几乎很少拉车、驮物，更没有让人骑过。耿春英记得只有一次，在外村出租时，被那家小孩骑了一圈。其实，就连自己家人都舍不得骑。

　　毛驴也有时犯驴脾气，但耿春英舍不得打。有一次在外放驴，驴不听话，往远处跑，但一会儿，自己回来了，低头蹭耿春英，意思是，你快带我回家吧。毛驴已然成为耿春英的宠物，这驴造化不浅。

　　这么多年下来，耿春英家为毛驴投入了许多费用，但村里人家用毛驴磨面，毛驴都是义务出工。外村借用毛驴干活儿，适当收取费用，但也需要主人陪着，否则毛驴不听话。

　　其实，耿春英家种庄稼，也是为给毛驴整点儿饲料用。除玉米粒、玉米秆外，还要经常喂它饭汤，以防上火。即使没有农活儿，每天早上也要放驴，让它吃新鲜的青草树叶，晚上还要加夜草。

　　耿春英本想在自家树园子为驴盖一间驴舍，但队里不让，驴只好一直在自家院子里喂养。但驴已经成为村里的一景，走到哪儿都受人瞩目。

　　耿春英的儿子如今 41 岁，受家教影响，非常孝顺。今年母亲节，他把母亲、岳母、姐姐的婆婆（亲家娘）三位母亲拉进一个群，在群里给她们每人发了一个同等数额的大红包。

附：驴的养殖和繁殖技术

禽畜养殖业需要购种、饲料购买或制作、喂养、收集成品（如蛋类）、配种、接生、孵化、出售等步骤。

一、驴的养殖技术

1. 选择良种

选择体型匀称、四肢健壮、腰背平直、发育迅速、抗病力强、遗传性好的适合本地区养殖的品种。以良种驴改良本地驴，用其杂交后代来培养是最佳选择。注意要到正规的养殖基地购买种驴，来源不正的驴最好不要进行购买。

2. 圈舍建设

驴的圈舍应选在地势平坦、排水方便、无噪声、无污染、避风向阳、地面干爽、水电供应方便的地方，以圈厩养殖为好。一般的圈厩以上能挡雨、下可遮风即可。圈舍内要做好配套设施，如食槽、照明工具、排水沟等，地面要有一定的坡度。圈舍搭建完成后注意做好消毒工作。

3. 饲养管理

驴属食草性动物，以干、硬、脆的农作物秸秆为佳，如玉米、谷子、豆蔓等质地较硬的秸秆，切记饲料不可半干半湿、折之不断，否则会影响驴的消化，同时辅以豌豆、玉米、炒棉籽等精料或小麦麸皮等。可于每天早、中、晚各喂一次，以晚饲为主。饲喂时，可先饲喂单草，让驴吃得足够饱了再饲喂一些混合草。

4. 日常管理

驴在生长过程中要做好卫生清理工作，驴舍、饲槽、水槽每日都要清扫、涮洗干净，每隔10~15天可用3%的来苏尔消毒驴舍。天冷时应尽量让驴多晒太阳，天热时则要及时降温，加强通风，以防中暑或食欲减退。每日应保证驴有1小时左右的运动，并对驴进行几次身体刷拭，既能刺激皮肤促进其血液循环，增强体表运动，又可驱除虱、螨等体外寄生虫，保持体表健康。

5. 疾病防治

驴比起马、牛等家畜更耐粗饲，抗病力也较强，但这并不等于就不生病。尤其在集约化养殖条件下，要严格执行"防治结合、预防为主"的方针，更要注意环境卫生，防止疫病发生。生长过程中每年一般要打3次疫苗，分别在春、夏、秋季，具体可以根据兽医的提示，按照具体的时间进行统一接种。

二、驴的繁殖技术

1. 驴主要通过交配繁殖后代，集约养殖还可采用人工授精法。当生长到12～15个月时，驴的生殖器官已基本发育完全，母驴开始正常发情，并排出卵子，公驴有性欲表现，具有繁殖能力，也就是达到了性成熟。性成熟后，驴会继续发育，待到一定年龄和体重时方能配种。母驴的初配年龄以3岁、达成年体重90%时为宜，公驴一般到4岁才能正式作配种使用。

2. 母驴发情接受配种后，精子和卵子结合受精，称为妊娠。从妊娠起到分娩止，胎儿在子宫内发育的这段时期称为妊娠期。妊娠期一般为348～377天，平均为360天，最多大概需要1年半的时间。

3. 驴属于季节性多次发情动物，一般在每年的3～6月会进入发情旺

耿春英老伴儿在村外树林里放驴吃草

期，7~8月时发情会减弱，延长至深秋时才会进入乏情期。母驴发情比较集中的季节被称为发情季节，这一季节也是发情配种比较集中的时期，在气候适宜和饲养管理好的条件下，母驴可常年发情。

耿春英老伴儿给
上驴套

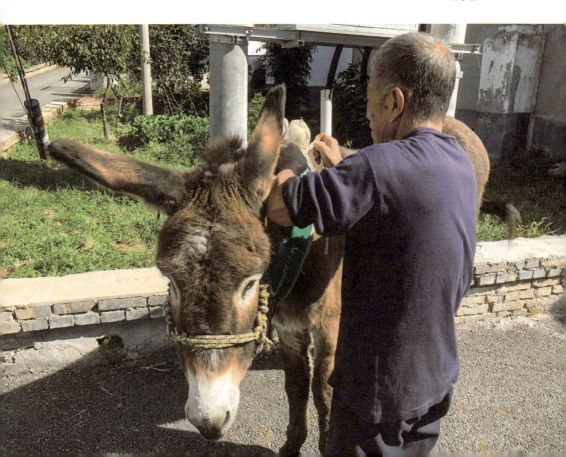

野猪下山
义务配种

职业：养猪　　姓名：张学英　　性别：女

年龄：五十四岁　　民族：汉族　　学历：初中

采访地点：北京市怀柔区桥梓镇新王峪村七十一号

采访时间：二〇二二年七月二十五日

在新王峪村村口外的山脚下，有几排 20 世纪 80 年代盖的猪圈，巨大的半圆形屋顶及红砖墙有点儿像老式的厂房，早已废弃。在沙峪口水库南岸住着一位著名艺术策展人、经纪人贾廷峰，他也是太和艺术空间的创始人。在他的策划下，村里的马继宝及租户等人在此一同创办"猪圈"艺术画廊及相关生态旅游服务。

其实，新王峪村还有多处猪圈遗址，我现在租住的农户地基，原来也是大队的猪场。在"靠田吃不饱，再凭养猪找"的年代，养猪是条公认的富裕之路。

但如今，新王峪村仅存一家养猪专业户了，而且还是位女的。

张学英是平谷北寨村人，那里盛产红杏。她很小时，爷爷去世，她的奶奶被卖给了当地的地主，中华人民共和国成立后才又回到家里。张学英父亲那一辈哥儿四个都当了八路军，其中她的大伯在战场上牺牲，成为烈士，但他当时还没有结婚，因此后人也没享受特殊待遇。她的父亲在战场上被蟒蛇咬伤手臂，落下残疾。父亲靠政府补助，维持了全家孩子的上学费用。

张学英从小在村里上小学，后在南独乐河村上初中，一直上到初三。她的两个姐姐先后出嫁，两个哥哥做了瓦匠。

初中毕业后，张学英和姐夫学习织毛衣，当时姐夫在毛衣厂负责修机器。张学英聪明伶俐，很快成为织毛衣的高手，并先后到天津、密云、房山、角门、卢沟桥等地社办毛衣厂当师傅。

1987 年，新王峪村开展经营副业，创办了毛衣厂，把张学英从丰台小井毛衣厂请来，在厂里当师傅，月薪 900 元。这在当时可算是高收入了。那时外企一个月也就 500 元。那时毛衣厂很红火，产品还在王府井百货大楼销售。

1990 年，经人介绍，张学英和新王峪村的马继成结婚，成为新王峪村村民。

毛衣厂很快倒闭，人员散摊。张学英转到平谷食品厂工作，马继成在怀柔钢绳厂工作。

当时，大队热心养猪，盖了许多处猪圈，一开始在西边，后在北边山下，修了铁路后说猪怕吵，又在村南边盖了三排猪圈。

盖猪圈的建筑队挣了钱，但养猪的大队赔了钱。1993 年，大队解散，猪场关门，将猪免费分给社员饲养或吃肉。张学英分得两头小猪仔，她承包了村北的养猪场，从此开始养猪生涯。

从一开始，张学英就放弃圈养，采取散养的方法，提高猪肉质量和出栏率。到 1995 年，她已经养了 40 多头猪，后来又养了 40 多只羊。那时，她在北山放猪，在南山放羊，很是兴旺。沙峪口镇兽医站负责配猪，平义分村屠宰站负责杀猪，朝阳菜市场负责销售猪肉。猪啊羊啊送到哪里去？送到北京城里去。

1999 年，沙峪口水库对岸的西山盖起了许多别墅，来了许多艺术家。后来，张学英在别墅区给住户种菜、干零活儿，回乡的马继成在那里干瓦工。闲时，两口子继续养猪。

2019 年，政府采取措施，限制发展个人养猪养鸡，以加强环境保护和防止瘟疫发生。张学英家的猪圈被拆除，猪被收购，屠宰后分给村民。但性格要强的张学英，不舍得放弃家庭养猪。

说起中国农村养殖政策，一直都在演变。从 1949 年中华人民共和国成立到 1954 年春天，我国农村基本上是个体农民经济，不仅土地私有，

张学英饲养的杂交
猪和鸡和谐共食

而且农民私人可以不受任何政策限制地发展私人养殖业，不仅可以养猪鸡鹅鸭羊兔等小家禽家畜，还可以养大畜如牛马驴骡等；不仅可以零星喂养，还可以成群喂养，当然也可以搞私人养蚕、养蜂、养鱼等。

随着农村合作化运动和人民公社运动的急风暴雨式转化，大的牲畜和农具作为生产资料归公所有，不允许私人喂养大牲畜，社员只被允许喂养小家禽、小家畜。后来小家禽、小家畜的喂养也受到限制，直到改革开放，情况才得到彻底改变。

中国是一个发展中农业国家，从事农业生产的农村人口占全国总人口的 2/3 以上，而在农村饲养家禽家畜已有几千年的历史。牛马等大型牲畜在中国农业发展上起到了不可或缺的作用。随着近几年来中国经济的发展，现代的机械化设备慢慢替代了牲畜。但在一些经济相对落后的偏远农村，特别是山区不适合机械化操作的农业生产中，牲畜依然是农民从事农业生产的主要帮手。而像猪羊类小型家畜和鸡鸭等家禽，从古到今都是作为农民家庭创收的主要来源之一。家畜家禽的粪便，是农民从事农业生产的主要肥料。家畜家禽的肉和蛋，也是农村家庭的主要食用品。过年杀猪，已成为农村几千年的传统习俗。

《中华人民共和国环境保护法》及《畜禽规模养殖污染防治条例》等相关法律法规，针对的是养殖企业或成规模的养殖大户，而且只是规定了禁养区域。政府虽然叫停了家庭养猪计划，不让农户在自己居住区附近养猪。但可以依靠家庭农场的种植与畜牧业养殖相结合的办法，走生态发展的道路，让作物与家畜家禽之间和谐共处，从而提升猪肉的品质。

政府给张学英复印了法规文件，她认真领会政府政策，吸收科学、卫生的喂养手段，坚持定质量，定温度，定时饲养，做好驱虫防疫管理。她的猪场远离居住区，在后山底下。而且，她彻底缩小了规模，现在她只养了四头猪。政府也同意了她的养殖，按时进行防疫检查，发放消毒药，她每月填报防疫情况。

张学英采用玉米、麸子纯粮食喂养，并且每天傍晚上山采野菜，因为早上的野菜有露水，喂猪不好。不给猪吃药也不喂添加剂，坚持散养。她养的猪膘有 4 指厚，肉质香味独特。因此，有单位食堂等老客户慕名而来，提早定养。一头猪可以收入 1 万多元。

因为张学英的猪场就在山根儿底下，山上野猪闻见猪场母猪发情味道，便下山找母猪杂交，所生猪仔肉质更加优良，而且省了配猪费用。我见到的刚刚出生的小猪仔，已是第二代杂交的猪仔，毛色有特别的花斑。母猪寸步不离，护着猪仔。

附：家庭养猪方法和技巧

一、通风和保温

1. 遇降温或阴雨大风天气时，要迅速给猪舍升温或加垫草。

2. 做到"春捂"，草帘、塑料膜、火炉等保温设施不能撤得过早。随时挂好门帘，查堵猪舍漏洞，防止贼风入侵。

3. 重视产房仔猪和保育猪的保温情况，尤其是腹部的有效温度。

4. 北方地区昼夜温差大，要坚持夜间巡圈制度，根据猪群状况随时调控圈舍温度。

5. 封闭式猪舍要在离地面1米处设置通风口，每天下午1—3点温度较高时清粪、通风换气；大棚猪舍棚顶通风口晚上加盖草帘。

二、猪舍内外消毒

1. 彻底清除猪舍周围阴沟、排粪沟的杂草和淤泥，防止病原菌和蚊蝇的滋生。

2. 猪场门口设消毒池，每间猪舍门口放消毒盆，内加2%～3%火碱液或3%～5%来苏尔液；进出人员必须消毒，每2～3天添加一次消毒液。

3. 对猪舍内外的门窗、天花板、墙壁、猪栏等卫生死角彻底清扫后，再用2%～3%火碱液喷洒。

4. 对猪饲料槽、料盘、保温箱等用具彻底清洁后，再用3%～5%来苏尔液消毒，用清水冲洗晒干后备用。

5. 禁止外来人员、车辆进入猪场，特别是运输过生猪和病死猪的收购人员和车辆。

6. 饲养员应穿专用鞋和衣服并经过严格消毒后才能进入猪舍。

7. 猪舍及猪群提倡使用1：500～1：1000浓度的过氧乙酸熏蒸消毒，

这样可降低有害气体的浓度。

三、给猪群驱虫

1. 选择伊维菌素加芬苯达唑的广谱高效驱虫药。

2. 在给猪体内驱虫的同时要及时清除粪便、喷洒地面杀虫剂，避免寄生虫二次感染。

3. 单独做一次螨虫病的驱虫。

四、加强营养，提高猪群抵抗力

1. 不能图便宜使用低质低价饲料，否则会导致猪营养不良，长势差，且易发病。

2. 用自配料的养猪户一定要严把原材料质量关，特别是不要用水分超标和有霉变的玉米。建议玉米在使用前先过筛去除杂质。

3. 不要因猪价低而擅自更换低质原料或不按配方配制饲料。

4. 春季气温逐渐转暖，要注意饲料"三防"，即防雨、防潮、防霉，

张学英每天为猪采来新鲜的菜叶

从源头控制霉菌毒素的危害。

5.初春青饲料缺乏,提倡给母猪适量搭配青绿多汁的饲料,如青菜叶、胡萝卜等。

6.在饲料中适量添加中草药和生活调料,以扶正祛邪,既有利于猪的生长,还可防治疾病。如金银花、生姜、大葱、大蒜、食醋等。

7.在饲料中定期添加微生态制品,如益生素、酵母多糖等,以调理胃肠道,改善猪的胃肠功能,防治各种腹泻性疾病。

猪在抢鸡食吃

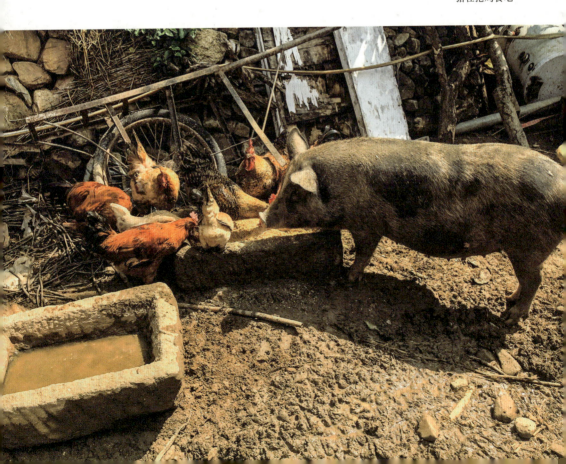

羊儿还在山坡吃草

职业：养羊　　姓名：马宝泉　　性别：男

年龄：七十八岁　　民族：汉族　　学历：小学

采访地点：北京市怀柔区桥梓镇新王峪村四号

采访时间：二〇二二年七月十七日

马宝泉是新王峪村第二个向我说祖上是山东大槐树移民的马姓人家。

有关移民记载，只有山西洪洞大槐树。我在网上查山东大槐树，查出了四个大槐树村：济南市莱芜区大王庄镇大槐树村；青岛市平度市明村镇大槐树村；临沂市罗庄区大槐树村；日照市五莲县叩官镇大槐树村。而且这些村落以陈姓、张姓为主，并不见马姓。不知道，这种说法由何说起。

马宝泉的父亲叫马长然，他上面有一个哥哥叫马长安。马长然在 30 岁时，娶了北石槽村的张氏为媳妇，马长然比张氏大 11 岁。

1927 年，张氏生了大女儿，后又有两个女儿、一个儿子，但儿子夭折，有一个女儿送人了。

1944 年，马宝泉出生，这时他的大姐已经 17 岁了。他下面又有个妹妹。

1947 年，内战开始，傅作义的部队在怀柔地界集结，在桥梓山沟胡乱放炮，打到逃难的人群里，马长然 41 岁的母亲被炸死，2 岁的妹妹被炸伤。

那一年，马宝泉才 3 岁，根本没有记忆。由于家境贫穷，家里只好将有脚伤的妹妹送人，从此，马宝泉再也没有见过妹妹。父亲后来又娶了一个媳妇，继母比父亲大 8 岁，她那时已经是 60 来岁的人了。马宝泉也只念到小学四年级，就退学回家。

1957 年，马宝泉的父亲因病去世，终年 61 岁。这时马宝泉才 13 岁。家境雪上加霜，破碎不堪。

马宝泉对生母和妹妹并没有什么记忆。他说起这段不堪回首的家史，说了一句话十分有道理："你不在跟前，怎么有记忆。"我想起现在在新闻界常说的一句话："你不是拍得不够好，而是你离现场不够近。"

1960 年，马宝泉随家人迁到新王峪村居住，两个姐姐早已出嫁。16 岁的他担当家里繁重的农活儿，赡养年迈的继母。

马宝泉从小就给家里放羊，有 50 多只。后来给生产队放羊，有二三百只。羊群就像飘忽的白云，让他忘掉失去亲人的悲伤。

1966 年，马宝泉娶了昌平上西市村的一名女子为妻，后来生下两女一男。那时他还负责照顾继母的生活，直到 1968 年，将 83 岁的继母送终。

1970 年，马宝泉当上了生产队副队长，尽管他只有小学四年级文化，但那时这点儿文化已经够用，关键是他那时是村里的红卫兵。

修建沙峪口水库和修建大秦（大同—秦皇岛）铁路，对新王峪村产生了巨大影响，对于畜牧业来说，甚至是根本性的改变。

水库所面对的南山，为了水土保持，封山育林，从此不能再在山上牧羊。而铁路线横穿村落，导致北山田地被割裂，水渠断流，许多田地被迫改种果树，频繁的列车经常发生撞死羊只事件，后来铁道沿线建起隔离带，但又阻断了羊群顺畅地流动。

1991年，生产队解体，马宝泉到铁路上干小工，沿线干一些维护的活儿。

2010年，马宝泉从铁路局退休，回村务农。那时他已经66岁。

2019年，马宝泉老伴儿去世，儿子离异，两个女儿出嫁在外，他成了孤零零的一个人。

2020年，儿子给家里弄来一只大耳母羊。大耳羊是采用进口努比亚山羊与简阳本地山羊，经过60多年的杂交和横向固定，形成的一个优良种群，简阳大耳羊具有体型大、生长速度快、耐粗食、繁殖能力高、

冬日，放羊的老汉在白浪河边放羊

抗病能力强等特点，最重可达200斤，每年可长80～100斤。2011年，简阳大耳羊被国家质检总局登记为中国国家地理标志产品。

后来，大耳母羊又产下了两只羊羔，加上一只小公羊，一共四只羊，从此，马宝泉又干上了老羊倌的活计。马宝泉说，放这四只羊，就如同放那一只老母羊一样，因为它是领头羊，其他不用管。

马宝泉家是新王峪村唯一放养羊的人家，还有一家是圈养。在村子南边的良善庄有几家养羊的，经常在河滩上放养。虽然山区草场面积不大，但山坡草地草质好，有野生的桑树、榆树树苗，羊爱吃。我问他："羊要吃了有毒的草怎么办？"他告诉我老咸菜汤可以解毒。他说，"好马不吃回头草"，但羊却爱吃回头草。

马宝泉每天早晚将羊赶到水库南面山坡，那里原来是别墅区，去年刚刚拆掉，现在绿草丛丛。

我问他，为何不多养一些羊？搞羊肉、羊皮生意，给农家乐提供烤全羊。他说，现在为保护山林，也不让养羊群，而且，羊群太费力，要漫山遍野跑，还要防疫，冬天还要垫圈、起粪。我现在就是当遛弯儿、养宠物。

马宝泉在水库边放羊

　　回望马宝泉破碎的一生和在他面前的人来人往，我才明白，人的命运真的捡不起你所有的那些脚印，你所遇见的人、生养的人，根本谈不上是你必然的选择。

　　生活尽管如此艰辛，但我看见马宝泉家盖的新房子非常讲究，巨大的玻璃隔扇使正房冬暖夏凉。厨房是漂亮的现代厨具装修，冰箱、空调都很大。只是家具还是20世纪70年代的样式，清漆已经脱落。卧室里有一件红色的老板柜十分突出，柜上放有一个红色的梳妆匣和一个青花万字图案的花瓶，这是他媳妇当年的嫁妆。

　　那个青花花瓶是我在村里见到的最老的东西，但只是一只，马宝泉说当时就是一只，应是当年媳妇家分得的地主家的财物。如今，总有收古董的人出价收购，但价钱给得太低，他一直没答应卖。我对他说，你别被他们忽悠，好好留着吧。

　　马宝泉并没有被生活压垮，乐观开朗，也没什么大的追求，儿子的事也不操心。除了放羊，其他什么事也不管。平日每天中午、晚上各喝顿小酒，一次一二两，很是惬意。

每天中午，马宝泉都要喝上二两

附：简阳大耳羊养殖技术

一、羊圈舍的建造

羊圈舍应建在地势高燥、通风向阳、排水良好、水源充足的地方。羊圈舍高度4米左右，舍内地面应内高外低，且高于舍外地面30厘米，面积按养羊数量而定，一般每只公羊占地5平方米，每只母羊占地2.5平方米，每栏面积以15~20平方米为宜。南方地区气候炎热、多雨潮湿，宜采用高床、漏缝地板式羊舍，以保持舍内干燥、卫生。高床一般离地1.5~2米，漏缝地板一般用厚3厘米、宽3~5厘米的木条钉成，缝隙为1.5~2厘米，过宽羊蹄易受伤，过窄粪便不易漏下。条件允许的，还可安装遮阳网、电风扇、喷淋设施和灭蚊灯。草料槽一般用木材或水泥制成，为使羊只安静采食，应在羊栏上设置颈枷，颈枷可用木条或钢筋焊接，要保证羊头能自由进出。羊栏的高度一般为1米木板设置，板缝为10~15厘米。如没有放牧条件，要在圈舍旁修建运动场，运动场面积是羊舍面积的2~3倍，运动场向外倾斜15°，运动场的围栏高1.8米，周围栽植树木遮阳。

二、种公羊的饲养管理

1. 非配种期

种公羊需要保持中上等膘情，在配种前两个月就应加强饲养，并逐渐过渡到配种期营养水平。一般情况下，每天饲喂优质干草1千克，杂交狼尾草或黑麦草3千克，补饲精饲料0.5~1千克。精饲料配方为：玉米57%、麦麸9.5%、米糠8.5%、豆粕21%、磷酸氢钙2%、食盐1%、微量元素添加剂1%。每天饲喂3次，饲喂时间分别为7时、14时和20时，同时供给充足饮用水。种公羊需要单圈或用绳拴系单独饲养管理，每天运动2~3小时、距离为3千米左右，以增强体质、提高性欲和配种能力。

2. 配种期

此期种公羊性欲旺盛，性情急躁（饲养员要注意安全），在补饲的同时要适当增加运动，以增强其体质和提高精子活力。一般情况下，每天饲喂优质干草1千克，杂交狼尾草或黑麦草3.5千克，补饲精饲料1~1.5

千克。精饲料配方为：玉米 62%、麦麸 8.5%、米糠 7.5%、豆粕 18%、磷酸氢钙 2%、食盐 1%、微量元素添加剂 1%。每天饲喂 3～4 次，同时供给充足饮用水。

三、种母羊的饲养管理

1. 空怀期

此期是指从羔羊断奶到母羊再次配种受胎的阶段。空怀母羊要尽快恢复体况，否则对发情、排卵和妊娠初期胎儿的发育都有影响，配种前膘情应达到中等以上，防止过肥或过瘦。体况好的母羊，只供给青干草，每天 3 次，每次 3～4 千克。体况较差或一般的母羊，每天还应补饲精饲料 0.1～0.2 千克。精饲料配方为：玉米 62%、麦麸 15%、米糠 7%、豆粕 12%、磷酸氢钙 2%、食盐 1%、微量元素添加剂 1%。每天饲喂 3 次，同时供给充足饮用水。

2. 妊娠期

母羊配种后 21 天不再发情，即可认为已妊娠。简阳大耳羊的妊娠期为 5 个月，可分为妊娠前期和妊娠后期。配种后到妊娠的前 3 个月为妊娠前期，此期胎儿发育缓慢，主要任务是防止流产，注意饲料品质，环境温度最好控制在 10～22℃，以免热应激造成胚胎死亡。炎热季节，羊舍要开窗对流通风，朝阳面要设置遮阳网，同时打开喷淋装置，以降低舍内的温度。每天饲喂优质干草 1 千克，杂交狼尾草或黑麦草 3.2 千克，补饲精饲料 0.5～1 千克。精饲料配方为：玉米 62%、麦麸 15%、米糠 4%、豆粕 15%、磷酸氢钙 2%、食盐 1%、微量元素添加剂 1%。每天饲喂 3 次，同时供给充足饮用水。妊娠后期胎儿生长发育很快，需要供给母羊营养全面的饲料。妊娠后期的管理重点是保胎防流产，避免母羊吃霉烂、冰冻的饲料，运动时要避免猛跑和受到惊吓。

3. 哺乳期

母乳是羔羊生长发育所需营养的主要来源，因此必须加强母羊的补饲，应当按母羊膘情和所带的单、双羔制定不同的补饲标准，特别是产后 20～30 天。母羊泌乳量大，羔羊就会生长发育好、抗病力强和成活率高。刚生产的母羊体力和水分消耗很大，消化机能较差，要给予易消化的优质干草和温热的食盐水。产后 1～3 天，如果母羊膘情好，可少喂精料，以喂杂交狼尾草或黑麦草为主，防止消化不良或发生乳腺炎。为了增强母羊的恋羔性以照顾好羔羊，产后1周内应将母羊和羔羊留在同一圈内。随着羔羊食量的增加和母羊泌乳高峰期的临近，补饲的精饲料量也要逐渐增加，还要饲喂杂交狼尾草或黑麦草，尽量延长母羊的泌乳高峰期。

四、羔羊的饲养管理

羔羊是指从出生到70日龄的小羊，其饲养管理要十分精心细致。

1. 早吃初乳

羔羊最好在出生后2小时内吃上初乳。初乳对增强体质、抵抗疾病和排出胎粪具有重要作用。

2. 适时补饲

一般在羔羊出生后7～10天开始补饲，除采食一些嫩草、树叶外，还要添加精饲料进行诱饲，以利瘤胃发育，促进羔羊的生长，补饲期间需要及时清理地面粪便和杂物，防止羔羊误食。

3. 适时断奶

断奶的时间可根据饲养条件、羔羊生长发育状况和生产方向来确定，一般在70日龄、体重达到20公斤时断奶为适宜。

五、常规管理

1. 分群

简阳大耳羊从断奶后开始进行分群管理，一般将同年龄、同性别的羊分为一群饲养，每群的大小根据养殖场规模来定。合理安排羊群是简阳大耳羊产业持续稳定发展的重要环节之一。

2. 日常清洁

羊床地面应每天打扫，圈舍和运动场内的粪便要及时清理，并收入沼气池发酵30天后再用作肥料。禁止喂给羊群发霉的饲料和饲草，冬季应供给温水，不饮污水、冰冻水，夏季应及时清洗水槽，避免饮用过夜水。

六、卫生防疫

1. 消毒

羊舍要定期进行消毒，可将甲酚按照1∶800的比例用水稀释后喷雾消毒，圈舍、排泄物可用 10%～15% 生石灰乳消毒。

2. 防疫

养殖简阳大耳羊，应制订详细的免疫计划并严格执行，以预防和控制羊传染病的发生。如羊 O 型口蹄疫灭活疫苗，每次每只羊 1 毫升，皮下注射，每年两次；羊痘灭活苗，每次每只羊 0.5 毫升，尾根皮下注射，每年 1 次；羊传染性胸膜肺炎灭活苗，6 月龄内每只羊 3 毫升，6 月龄以上每只羊 5 毫升，肌内注射。

3. 定期驱虫

驱除羊体内寄生虫，常用的药物有阿苯达唑（抗蠕敏），具有高效、低毒、广谱的优点，对羊常见的胃肠道线虫、肺线虫、肝片吸虫和绦虫均有效，可同时驱除混合感染的多种寄生虫。口服剂量为 15～20 毫克 / 千克体重。驱除羊体外寄生虫，可选用溴氰菊酯溶液药浴，5～15 毫克 / 升水；或用伊维菌素注射液皮下注射，0.2 毫克 / 千克体重。

鸡鸣三县听

职业：养鸡　　姓名：马玉杰　　性别：女

年龄：五十九岁　　民族：汉族　　学历：初中

采访地点：北京市怀柔区桥梓镇上王峪村八十六号

采访时间：二〇二二年八月五日

上王峪村南邻顺义，西临昌平，距怀柔区 29 公里，这里素有"鸡鸣三县"的说法。马玉杰家就在村子最西头，她散养的鸡经常自己跑到山上去吃虫，我问她，鸡不会跑到昌平吗？

马玉杰家左手紧邻水库沿岸，茂盛的瓜架依偎水畔；右手紧邻山崖，石壁成为天然的影壁，山脚下泉水叮咚，绿荫葱葱。我问她，这么好的地界，为何不开农家乐或民宿？她说，以前开过，后来关了，现在只是把前院出租了，收点儿房租。否则太累，着不起那急。我心里想，农民都知道累了，都会慢生活了。我们城里人，还在疲于奔命。

马玉杰是怀柔区附近的王化村人，父母是农民，她是家中老小，上面有两个哥哥、两个姐姐。她的父亲早年当兵，去过朝鲜。退伍回来，在村里当木匠，而且是大木匠，架房桁，打大车，做棺材。马玉杰两个哥哥都跟着父亲学木匠，她年轻时，也帮父亲拉过大锯。

马玉杰在张各庄中学上到了初三，几乎没怎么下过地，就开始外出打工。先后在县城的制鞋厂、服装厂、毛衣厂、手串工艺厂、冰棍厂、帽子厂等工作过。十几年间，如此频繁更换单位，说明一个是经济发展变化大；另一个是马玉杰性格活泛，并不求安稳。

1985 年，马玉杰嫁到怀柔县城附近的红军庄，生下了一个女儿。后丈夫因刑事案件被判刑，1990 年离异。

1991 年，28 岁的马玉杰带着女儿，嫁到上王峪村。现在的丈夫王丙江比她大 13 岁，人老实忠厚。一开始，马玉杰还是有点儿不适应，嫌王丙江太木讷，生活能力太差。但后来，马玉杰转变了观念，主动作为，成为一家之主，独挑大梁。

两人生了一个儿子，还翻盖了新房子。精明的马玉杰早年便宜买了村里一处房子，现在他们有两处房子出租，每年的房租收入就够日常开销了。如今，两个孩子一个是大专一个是大本，女儿在通关幼儿园当老师，儿子在长安街长话大楼上班，日子叫人羡慕。

马玉杰性格刚强，能言善交流，身子骨硬朗，吃苦耐劳。刚结婚时，她正好赶上大队二次分地，补差了应得的口粮田。后来她拜师学习果木嫁接技术，每天嫁接果木数量要比一般人高，成活率也高，因此许多人家都请她出工，甚至远地的平义分、沙峪口也有人请她。几年下来，挣了几十万元。

现在住的四敞明亮的大房子，建房用的沙子都是她负责筛。后来，她还养过猪，也养鸡鸭牛羊。如今，主要是散养鸡了。她的鸡舍就在家后院山坡下，紧邻水库和菜园、果园。鸡可以随意上山，它们也享受了民宿待遇。

英国学者保罗·布拉斯利和理查德·索费著的《农业》一书指出："母鸡都是印度原鸡的驯化后代，他们本身还保留着野生祖先的一些行为，会找隐蔽的地方下蛋，晚上在树上栖息。因此，饲养母鸡数量不多的人，往往会在鸡舍里设置产蛋箱。里面放有筑巢材料和栖架，让母鸡在上面栖息。另一个极端是使用传统的层架式鸡笼，小笼子里会有两三只母鸡站在铁丝网地板上。自 2012 年起，这种鸡笼在欧盟已被禁止了。取代它的富集型鸡笼体积要大得多，可以容纳更多的母鸡，通常在 40～80 只，并配有巢箱和沙浴区。英国当下生产的蛋里约有一半来自笼中的母鸡，其余大部分由散养的禽群生产。在美国，90% 以上的鸡蛋是在层架式鸡笼中产生的，不过有一两个州——例如加利福尼亚州——已经禁止使用层架式鸡笼了。"

马玉杰的鸡尽管不是单间，但不超过 50 只。喂的全是粮食，没有胡萝卜素，更没有激素。就连母鸡抱窝孵蛋，都是它自己完成，没有使用电动孵化器，孵的小鸡体质硬朗。她养的鸡，主要是满足自家和老顾客吃肉和吃蛋。

我问她为何不多养点儿，印制包装，为超市、农家乐、民宿提供柴鸡蛋？她说，他们买不起，因为我的鸡蛋要 25 元一斤，超市才 20 元一斤。

附：养鸡方法与技巧

一、环境管理

1. 温度：第一天保持温度在 34～35℃，以后每天降低 1℃，直至到 25℃。但具体还得根据鸡舍的综合情况，做到看鸡施温。小鸡在保温室散布均匀为宜。

2. 湿度：育雏前 7 天，湿度保持在 50% 左右，湿度不能太高，否则很容易出现肠道问题。

3. 通风：很多鸡舍都存在一个问题就是，暖风炉在鸡舍内，这样虽然说取暖效果好，但是同时消耗大量氧气，产生二氧化碳等，不断危害鸡群健康。因此要做到合理的通风。

二、长期存放饲料的方法

可在料库内地面上按适应距离立上一层砖，上面再平铺一层砖，再在上面铺上一层油毡纸，饲料要用袋装，离墙一尺，横一层竖一层垛高。在夏季还要适当喷几次杀虫剂，避免饲料发霉。

三、喂料管理

当下夏季昼长夜短，建议在三四个小时进行一次喂食就可以了。另外在喂食的时候应当注意，可以适当减少玉米和高粱的成分，因为玉米和高粱属于高热量食物，应尽量去喂一些低热量的饲料。

四、注意换水

夏季养鸡的时候一定要经常换水，最好的次数就是一天1～2次。另外，水质的干净很重要，封闭的水线内容易繁殖细菌，形成生物膜。因此要做到及时清理水线，以免水质受到影响及饮水器乳头堵塞。

五、注射疫苗部位

注射免疫就是将疫苗通过注射器注射到皮下或肌内的方法。一般采用皮下或肌内注射法。若是用于禽痘活疫苗的接种，则可以用刺种免疫法，就是将稀释好的疫苗，用接种针蘸取，在翅膀内无血管处皮下刺种。

六、免疫期间不能消毒

疫苗分为活苗和死苗，活苗用量小，需要在体内繁殖，这种疫苗一般是怕消毒液的。刺种的鸡痘疫苗一般是在其前后 48 小时不能消毒；但是油苗和蜂胶苗、铝胶苗一都是死苗，不怕消毒液，只要不是免疫抑制的消毒液一般没有问题。

七、鸡粪清理

目前很多大中型的养殖公司已经有完善的自动清粪的设备，但是中小型养殖户和散养鸡这方面还不具备，只能人工清除粪便。养殖生产中一定及时清理鸡粪，避免出现氨气味，刺激损伤呼吸系统黏膜，从而引起呼吸道疾病。

马玉杰在家后的
山坡山散养鸡

养鸽子

养鸽子的人
被放了鸽子

职业：养鸽子　姓名：马松　性别：男

年龄：五十一岁　民族：汉族　学历：小学

采访地点：北京市怀柔区桥梓镇新王峪村四号

采访时间：二〇二二年七月十八日

2003 年秋的一天，我为了出版《中国乡土手工艺》一书，到民艺专家王世襄老先生位于朝阳门外芳草地的迪阳公寓家中拜访，请求他题写书名。我还记得，是王老的儿子王敦煌到楼下接的我，他对我说："你千万不要和老爷子聊家具什么的热门话题，要和他聊鸽子、蛐蛐，才能打动他。"

我住到新王峪村后，总会发现蓝天中有鸽群飞过，哨声回旋，原来村子里有好几家养鸽子。马松就是其中的一人，而且他是一个非常有故事的人物。

马松是马宝泉的儿子，1971 年出生。他在村里上到小学三年级，后在沙峪口念了半年初中，就不上学了。

1987 年，由于修铁路占地，马松家托关系，姐弟三人都搞到了农转非的名额。两个姐姐到怀柔服装厂工作，18 岁的马松到庙城的钢绳厂工作。

1997 年，经人介绍，马松和怀柔电缆厂的杨姓姑娘结婚。她是重庆大足县人，姐姐嫁到上王峪村，她随着来北京，在姐夫的单位干临时工。与马松结婚后，她在家务农，操持家务，但马松一直没有随媳妇回过重庆的岳家。1999 年，夫妻俩生了一个儿子。

2002 年，钢绳厂倒闭，马松回到村里，但此时他已经不会从事农活儿，

他离父辈的那些持家传统远去，成为游手好闲的一代。

由于家庭生活水平下降，再加上媳妇不适应北方生活习惯及婆媳不和，两人的婚姻生活矛盾重重。而性格简单、粗犷的马松，没有能力处理解决这些繁杂的问题。2007年，两人协议离婚，媳妇到姐姐处居住。

2007年，马松到怀柔巡防队工作，干上了保安，穿上了淡蓝色的制服。身材敦厚魁梧的马松，还真有点儿像模像样。

2010年，马松结识了一位来自河北蔚县的女人，她已婚并有一个孩子，在怀柔城区做保姆。两人相处半年，但对方并没有离婚的意思，马松只好分手。

后来，马松经人介绍认识了东城区鼓楼储蓄所的一位离异的银行职员。她父母身体不好，住在顺义西赵各庄村的小姨家，为照顾父母，她经常往返乡下。马松为她购买了一辆汽车。

2012年，马松与这个银行职员结婚，两人在怀柔城区租房居住。2016年，马松的媳妇因为房产继承，和自己的表弟发生纠纷。马松打抱不平，私闯民宅，将其表弟打成重伤，被刑事拘留了半年。

2017年，马松刑满出狱后，发现事过境迁，自己没了工作，身无分文，

马松的鸽笼子非常讲究

媳妇还闹起了离婚。两人就汽车及房产打了很长时间的官司，2020年经法院判离。

马松第一任前妻，后再婚，现住在密云。马松有意复婚，希望女方离婚，两人最近交往了半年，但女方不辞而别，没有了下文，不知道马松是否还在等待。

马松为人朴实，不善言辞。几次被放鸽子的他，其实是一个养鸽子的行家。

2016年，在怀柔城区生活时，时常有野鸽子飞临他楼房居室的阳台，马松开始收养它们，再加上有朋友送鸽子给他，规模越来越大。在有养鸽子经验的朋友的传授下，他逐步成为养鸽子的行家。

2020年在村里建房时，马松特意加盖了鸽子屋，占了厢房整个一层，特制了巨大的鸽子笼。

马松现在养的鸽子有100多只，品种也有十余种，有肉鸽、家鸽、观赏鸽、信鸽、赛鸽，具体有：岩鸽、原鸽、斑尾林鸽、雪鸽、欧鸽、斑鸠、

每天，马松都要在
屋顶上放飞鸽子

雀鸽、石岐鸽等。马松可以准确指认鸽子品种，还可以分辨出哪只是哪对
鸽子孵化的小鸽子。

这么多鸽子放在一起，自由组合配对、孵化。邻居家的鸽子有时被鸽
群带来就不走了，当然他的鸽子也有跑去别人家的，我看见时常有麻雀飞
进来吃鸽食、喝水。马松有时将鸡蛋也放到鸽巢中孵化。

马松放飞的鸽子有时在蓝天翱翔；有时落在附近屋顶、电线杆上；
有时鸽子就在村子小巷中散步，啃食民居墙上的石灰，可能是为了消化和
补钙。

每月鸽食就要花费 500 多元，还不包括人工成本。我问他为何不搞
经营，他说规模不够。他养鸽子就是为玩，调剂生活的紧张和劳累。

马松现在在村里的建筑队当小工，搬砖头、和水泥，一天挣 100
多元。每天抽空回家还要放鸽子、喂鸽子，忙忙叨叨，好像有使不完的
劲儿。

我问他，知道王世襄吗？他说不知道。

附：鸽子的养殖方法与技术

一、选用优良种鸽

优良种鸽个儿大、体健、毛色纯正、适应性好、生长速度快且繁殖力强，一般繁殖期可达 5 年左右，高峰期为 3 年。优良种鸽的最高年产仔为 18 只（6～9 窝），最低为 12 只，因营养水平不同，种鸽产蛋率、受精率、孵化率高低亦有所不同。引种时要选择品种特征突出、公母配对和谐、年轻力壮的种鸽。

二、提供良好的饲养条件

鸽舍可因陋就简，但基本要求是：地势高燥、排水方便、环境安静、应激因素少。鸽舍本身要能避风、挡雨、遮阳、防曝晒、防潮，有利于通风、采光、防敌害、清洁消毒和保持室内干燥。 肉鸽养殖一般采用笼养和平养（平地散养）两种方式。笼养鸽以 3 对／平方米为宜，平养鸽以 2 对／平方米为宜。

三、供给营养齐全的饲料

欲养好肉鸽，关键在于养好种鸽。种鸽的食量不大，但要求饲料的营养齐全。一只种鸽日需饲料为 45～50 克，以每次饲喂剩下少许为宜，过多供料不仅会造成浪费，还会增加养殖成本。通常以稻谷为主的饲料配方为稻谷 45%、豌豆 25%、玉米 20%、小麦 10%；以玉米为主的饲料配方为玉米 45%、豌豆 25%、小麦 15%、高粱 15%。有条件的可以适当加些火麻仁和绿豆。同时，应当根据肉鸽的生长阶段，对能量饲料和蛋白饲料进行适当的调整，以满足肉鸽生长发育的需要。提供足够的清洁饮水，肉鸽每天的饮水量为采食量的 1.5～4 倍。

四、重视保健砂的作用

保健砂用量虽然不大，却是肉鸽生长发育过程中不可缺少的营养物质和辅助促长剂。一只种鸽每天大约需要吃 6 克的保健砂。保健砂是现配现用，要保证新鲜，有时为了减少配料的用工时间，也可以一次配制好，放于密封的无毒塑料袋或其他干净器皿中，供多次使用。注意放在干燥阴凉的地方保管，切不可曝晒或受潮受热，以免变质。常用保健砂的配方是：红泥 30%，贝壳粉 15%，骨粉 10%，中砂 25%，旧石膏、木炭末、旧石灰、食盐各 5%。此外，根据生长季节的变化，还需适当地在保健砂中添加少许的中草药、维生素、抗生素，以保证肉鸽正常发育、健康成长。

五、加强种鸽的饲养管理

根据种鸽的不同生长发育阶段，即配对期、抱蛋（孵化）期、育雏期、换羽期，提供营养成分有所侧重的饲料、保健砂，创造适宜的环境，以努力提高种鸽的产蛋率、受精率和孵化率。此外，对于留种的青年鸽，除精心饲养外，还要适当地增加光照，给予较为宽敞的活动场地，以促使其尽快发育，待其性成熟后，要及时优胜劣汰，进行自然配对或人工配对，以不断扩大种群，增强生产能力。

六、做好疫病防治工作

遵循"以防为主，防治并重"的原则，鸽舍（笼）要保持清洁，定期消毒，喂养鸽子的水槽、食槽等各种器具也要经常清洁消毒。在鸽子的生长发育期，除按规律（鸽龄）接种疫苗外，平时要注意观察鸽子的行为和神态，及时做好常见病（尤其是传染病）和鸽体内外寄生虫病的检验、防治工作，否则，轻则影响鸽子的正常生长发育，重则导致大批伤亡。此外，还要防止猫、狗、鼠、蛇等敌害。

以上就是鸽子的养殖方法与技术。鸽子的养殖前景好，市场需求也比较大，想要养殖鸽子的养殖户一定要掌握好以上养殖方法与技术，加强管理，及时防治疫病，增加养殖效益。

养蜂

翻动的双手比蜜蜂
的翅膀还要勤奋

职业：养蜂　姓名：宋焕义　性别：男

年龄：六十一岁　民族：蒙古族　学历：初中

采访地点：北京市怀柔区桥梓镇新王峪村大杨山沟

采访时间：二〇二二年五月三十日

在新王峪村居住的第一个春天来了，明显感到各种飞虫要比城里多得多。前来拜访的飞虫中，以苍蝇和蜜蜂居多，有的个头儿还很大。

村子北面的大杨山环抱着狭长的沙峪口水库，山路上各种树木郁郁葱葱，花香袭人。我每天在山路上散步，总会发现在路边山沟里有三个放蜂人在劳作，很明显，他们来自异乡，那些蜜蜂应该是源自这里。村里的蔡老师拍了一段养蜂人的抖音视频，我觉得可以进行构思一个整个村里手工农艺师采访系列，如同我前几年出版的《中国民间手工艺》。

在一阵疯狂的狗叫声中，我打开帐篷的门帘，发现宋焕义在门前的阳光下，从一条条木架上挖取着乳黄色的浓浆，这就是传说中的蜂王浆。

他穿着一身军绿色的迷彩服，就像典型的民工一样。目光谦逊，说着话时头也总是向下低垂，也许是多年专注工作养成的习惯。

宋焕义是河北省承德市丰宁县将军营镇南关乡人。丰宁县名来源于乾隆皇帝御赐，取字"丰阜康宁"。丰宁县是河北省 6 个坝上县之一，与北京怀柔接壤，是联系北京与内蒙古的重要通道。因此，来怀柔打工的丰宁人特别多。

南关乡是蒙古族乡，宋焕义的奶奶是蒙古族，但他从小就已汉化。南关乡的蒙古族有着"横河蒙丁演武"的习俗。传说是清王朝康熙末年，一批蒙古族将士的退役军人来到当时的军事要地——平顶山下的横河村安家落户。这批落户的蒙古族勇士性情刚毅、豪爽、智勇双全、文武兼备。他们落户后，将荒山荒地开垦成良田，一边种地为生，一边游牧、狩猎习武、保家护院。当地蒙古人习武演武内容丰富，砍、杀、扎、爬、滚、打，样样俱全，独具特色，逐步形成了"横河蒙丁演武"风格。经过世代承传，每年那达慕大会都会有比武表演，如今也就是表演。我从眼前的宋焕义身上，很难找出蒙古人特有的豪爽刚毅的元素。

丰宁虽然是著名的旅游胜地，但南关乡并不发达。宋焕义父母都是农民，父亲做过瓦工，但一直没有离开土地。初中毕业后，宋焕义在家务农，主要种植玉米、谷子，偶尔也种荞麦，日子一直很贫穷。他后来也干过木工，在村里放过炮，采石头。20 世纪 90 年代后，他外出打工，从事过热力管道、建筑装修等工作。

近年来，他年岁增大，超过了办保险年龄，用工单位不再敢聘用。其实，像他这个岁数，在农村还是干活儿的年龄。为了维持家庭生计，他还要另谋出路。另外，由于常年在外，他已不习惯在家待着了。

丰宁在 20 世纪 50 年代就有养蜂的营生，当时的初级社就组织过养蜂合作社。丰宁的蜜源是荆条花，荆条是一种灌木，属于耐瘠薄、耐干旱的植物，流蜜较多。现在，丰宁的养蜂业已是政府的扶贫项目。

宋焕义有个 70 多岁的叔叔，是村里的三个养蜂专业户之一，丰宁流行的是"中蜂"，但他叔叔养的是"意蜂"，也就是意大利的品种。宋焕义见叔叔走南闯北，活得挺自在，就开始给他打下手，同时和他学养蜂。开始，他总是和叔叔跑桥梓的前茶坞村放蜂，那里是平原，生活相对方便。后来他和叔叔分开，他就在新王峪，叔叔还在前茶坞。今年是他学养蜂的第六个年头，但今年他叔叔没有来前茶坞，可能是年龄大了，身体吃不消了，就近在丰宁当地放蜂了。

其实，养蜂业在中国历史悠久。最早有"蜜"字记载是在殷商甲骨文中，这证明了在 3000 年前古人就已经开始取食蜂蜜。而关于中蜂饲养的记载，最早出现于 3 世纪的书籍中。清代郝懿行的《蜂衙小记》(1819 年)，关于蜜蜂形态、生活习性、社会组织、饲养技术、分蜂方法、蜂蜜的收取与提炼、蜂巢的清洁卫生以及天敌的驱除等方面都有提到，是早期较为全面地记载养蜂的书籍。中国有四大蜜源，分别是洋槐花、枣花、荆条花、荔枝花。到 20 世纪 30 年代，意蜂由日本引入中国，活框饲养开始出现，也就是眼前宋焕义的养蜂品种和方法。

怀柔地处浅山区，山清水秀，花季比丰宁要早一个月，尤其是山桃花漫山遍野。而且路途较近，交通便捷。因此，许多丰宁养蜂人每年春节后在家做好繁蜂，3 月就到怀柔放蜂。在怀柔首先是采杂花蜜，然后采洋槐蜜，6 月底回丰宁采荆条蜜，8 月再到隆化采荆芥蜜，到了 11 月，一年的养蜂生涯才结束。可见养蜂人比蜜蜂还得勤奋，哪儿有花就迁徙到哪儿。

每年往返怀柔，宋焕义都要雇一辆加长的大货车。因为光蜂箱就100 多个，还有养蜂工具、帐篷、生活用品及一辆摩托车。总之，要比牧人转场还要麻烦，浩浩荡荡，这是一笔不小的养蜂成本。

当然，成本支出远不止这些，摇蜜机等设备的采购更新、日常吃饭等。有时，宋焕义还会联合老乡一同搞太阳能发电。他在当地还要疏通与村镇和水库管理局的关系，以获取免费用水。

　　宋焕义说，他基本上是手工采制，平均每天也就采集出一斤左右，养蜂的劳动成本很大，周期长。平日，还要想尽办法提高蜂蜜质量，解决蜂蜜的抗生素、重金属残留等问题，加上物价提高，养蜂成本年年上涨，但蜂蜜收购价格却一直上不去。赶上近年来的疫情，上门收购的游人更少了。因此，好一点儿，一年也就有 4 万元收入；差一点儿，能够保本持平就不错了。

　　现在，保健养生品种类繁多，原有的消费群体发生变动。而市场上出现了大量假冒伪劣蜂产品，消费者谈"蜜"色变，这对中国的养蜂业造成了巨大的冲击。

　　中国目前在养蜂数量和蜂产品的产量上都位居世界首位，养蜂业也被冠以"农业之翼"的称号。但相较于欧美国家来说，中国养蜂业组织化程度低，养蜂个体较多且处于弱势状态，无论在技术层面上，还是在产销结合上，都呈现出滞后之态，没有发挥出应有的群体优势，也没有形成有效产业链。

　　这些致使他们这些终年在深山中养殖的蜂农，生产出的优质蜂产品

宋焕义在检查蜂箱

却卖不出去。宋焕义说，没办法，有时只好自己使用剩余的蜂蜜。说着，他还让我观察他的脸色，并说自己血压、血脂都不高。我发现，他一边挖取着木架上的蜂王浆，一边舔舐工具上残留的蜂王浆。长此以往，他算是在蜜罐里成长的人了。

宋焕义的帐篷里有一台旧电视机，成为他日常消遣的渠道，好在现在还有微信，每天可以和家人视频聊天。他说，每天晚上都会喝上二两酒，那条狗就是他的陪伴。

宋焕义介绍说，他有三个孩子，两个女儿，都已出嫁。最小的儿子30岁了，小时候吃药，成了聋哑人，现在保定工作。他们都没有和他学养蜂的想法，自己就凑合着干，也算自己养活自己。他原来的老伴儿几年前病逝，他又结交了一个嫁到天津武清的老乡，她的前老公因车祸去世。他现在每年春节都要到天津会新老伴儿，一起过年。

小心翼翼地取蜂
王浆

附：养蜂流程

北方养蜂，初春几乎啥事都不要干；静等天气转暖，待春末蜜蜂陆续出窖开始繁蜂工作；中部地区养蜂，做好蜂群保温工作，适当饲喂，组织蜂群壮大为繁蜂做好种蜂的培育工作，保障繁蜂之前有健康旺盛的种蜂群；南方养蜂，有的可以组织蜂群采集蜂蜜，比如荔枝花、油菜花、紫云英，等等。

一、春季养蜂工作流程

1. 越冬后，先为蜜蜂提供营养补充，饲喂蜜蜂，防止蜜蜂饿死，保障恢复蜂群的状态。

2. 检查蜂箱和蜂脾情况，换掉老巢脾，给蜂箱做好卫生清洁工作，并进行消毒。

3. 意蜂在繁蜂之前一定要放王、除螨；或者先把蜂王关起来，除螨之后再放王。

4. 检查蜂群的工蜂数量和大概蜂龄情况，然后调整好蜂脾结构，保障蜂多于脾。

5. 检查蜂王的情况，遇到行动迟缓，产卵没有节奏的蜂王应该择机进行更换。

6. 繁蜂加脾，扩大蜂群。

7. 根据采蜜的计划在种群内培育蜂王，人工育王环节开始。

8. 蜂王出台前一天晚上将蜂群分蜂；每个蜂群 2～4 脾蜂量，一个王台。

9. 繁蜂加脾，继续扩大蜂群，保障在蜜源开花的时候正好有 12～14 脾蜂量的蜂群进入场地采集蜂蜜。

二、春季养蜂的防范工作

1. 随时保证蜂群的食物充足，避免出现饿死蜜蜂的情况。特别是在蜜源不足的地方，一定要及时观察。新蜂的出房时间短，此时蜂群的消耗量是非常大的。

2. 随时观察天气变化，保障蜜蜂能够正常地排泄，避免大肚子蜂情况的出现。

3. 及时观察蜂群的状态，提前预防出现自然分蜂。常用的预防方法就是换新蜂王，还有就是提前人工分蜂。

4. 意蜂要防止蜜蜂采集茶油花，以免出现烂子的情况，所以适当喂点柠檬酸在此时非常有必要。

5. 中蜂也要防止烂子病的出现，在蜂箱底部和巢门出入口撒上些陈年的生石灰能够有效地起到预防作用。

6. 防范其他蜂群疾病，比如蜜蜂拉稀可以喂点制霉菌素，等等。

7. 繁蜂期间尽量选择在蜜源丰富的区域，避免因为食物不够引发盗蜂情况的出现。虽然盗蜂情况在秋季才是最严重的，但是春季繁蜂期间如果不注意也是会出现的。一旦有盗蜂的情况，蜂群就很难顺利地发展起来。

养鱼

择水而居的人家

职业：养鱼　　姓名：王勤　　性别：男

年龄：五十九岁　　民族：汉族　　学历：小学

采访地点：北京市怀柔区桥梓镇上王峪村东坡树园子

采访时间：二〇二二年八月十九日

　　农民讲究"靠山吃山靠水吃水"，沙峪口水库带动了此地的养鱼业。过去，水库就是大养鱼池。如今，水库不经营养鱼，不让喂鱼，不让捕鱼，放生也不行，有监控，还有执勤人员看守。但附近的农家乐、民宿，依然打着"水库鱼"的招牌揽客。家家吃鱼的方法，也是如出一辙，都是一个味，可见"水库鱼"的影响之深。

　　王勤的爷爷叫王秉汗，父亲叫王恩廷，与我采访的其他人是一个辈分，因此，王勤辈分小。

　　他父亲王恩廷16岁参军，参加南下渡江战役。1950年，又北上参加抗美援朝，担任卫生员。后来退伍，分配在北京宣武医院当医生。

　　1967年，因家里生活困难，王恩廷回家务农，在村里当赤脚医生。村里有人头疼脑热，他扎两针就好，他还会接生小孩。王恩廷也是中西医结合，平日自己种草药，也到山上采药。2002年去世。

　　王恩廷有6个儿子，王勤是老三，王勤说：农村讲究"大的疼，小的娇，挨打受气正当腰"（"靠老大，疼老幺，最不待见的是当腰"），因此，他在家最不受待见。

　　王勤在上王峪上的小学，在沙峪口上了两天初中，就退学回家了。

　　开始，王勤在山上放了两年羊，后下地务农。接着，他在采石场，开山采石。

　　1985年，王勤在修建大秦铁路的采石场工地结识了一位四川民工，他说要给王勤介绍家乡的媳妇。过了春节，他果然带来了一位叫杨家芬的小姑娘，小姑娘是重庆大足县龙岗乡明星村的人，同年4月，两人定了亲。

　　在王勤家住了些日子，杨家芬见王勤家6个兄弟，家境贫寒，便以回家探亲为名，一去不回，没了音信。王勤找到了留存的杨家芬家的来信，以此地址要去她家找她。家人劝说，让他放弃行程。但王勤觉得如果失去此次婚姻，他在家里地位更加不保，家庭也面临破碎。

　　过了五一节，王勤从大队支了250元钱，用30元买车票，坐了近一个星期的硬座火车，终于找到了杨家芬家。村里人不放她走，王勤也没有法律凭证和定亲凭证，无法打官司，但此事惊动了乡政府，他千里寻找媳妇的行为感动了政府官员，他终于带着杨家芬回了北京。

　　王勤印象中，杨家芬家乡比怀柔更穷，那里的村民都相距很远，分散居住在山坡上。

回来后，王勤就与杨家芬办了婚礼，不久，生了儿子。杨家芬也开始适应北方生活，学做北方农活儿。

1988 年，因为铁路占地，王勤办了农转非，在庙城钢绳厂工作。

1997 年，王勤因车祸受伤，一只耳朵失聪，被迫下岗。

他用补偿的钱买了 50 只羊、20 头小牛，干起老本行，上山放羊放牛。

2000 年，他与新王峪村的马继宝等四人一起承包沙峪口水库，每人掏 15000 元，但水库水减少，鱼都死了，赔了钱。三年后，其他三个人都先后退出了。直到水库修大坝，开闸放水，王勤彻底不干了。

王勤与大哥王林合伙上山采石，又干了两年。王林当过兵，回村干赤脚医生，后来开药材公司，走的是他们父亲的路。随后，王勤又和杨家芬的一个姐夫做家庭装修，干了两年。

2007 年，王勤在水库岸边建了"湖畔人家"农家乐，打水库鱼招牌，很火爆。"湖畔人家"的招牌也成了进村的门楼，平日主要是杨家芬打理，王勤在水库边建了鱼塘，近水楼台先得鱼，主要是花白鲢，除了饭店经营，自己食用，还可以出售。王勤常年养鱼，知道养鱼要用循环水，保障氧气供给，喂养育苗比直接养半大的鱼要好。

眼下，农家乐经营状况并不是很好。王勤平日在地里干点农活儿，每天两顿小酒。他总是对我说，有机会再深入地聊一聊他的故事，他是我接触的村里人中，少有的主动讲自己故事的人。

附：农村养鱼的方法和技巧

水深 1 米一般能够养鱼，不过养殖密度不宜过大，以防发生缺氧。尤其是晚上的含氧量过低时，便容易出现死鱼现象，同时密度过大也会导致水质变差，易引发各种疾病。养鱼的水深以 2～3 米为宜，为改善底层水的溶氧情况，可使用机械增氧。池塘的水深也需要根据季节进行调整，在冬夏两季适宜深水，而在天气较凉的春季以及秋末适合浅水，秋末浅水能促使鱼多吃饲料，储存能量过冬。

一、混养种类

将鱼进行混养时，需选择能够混养的鱼品种，混养不合理会使鱼塘中的鱼数量变少，比如将鳗鱼与其他鱼混养在一起时，池塘中的鱼数量会越来越少，因此放鱼时需考虑鱼的食性，会不会吃刚生产的小鱼，若会吃，便不可混养。

二、池塘环境

1. 不同的鱼对于池塘的要求以及对其的适应力也有所不同，正常情况下水不宜过深，一般在 2 米左右，水温保持在 15～20℃。

2. 放鱼前需将鱼塘中的杂物、淤泥等东西清理干净，尽量抬高河床，并用生石灰消毒。

3. 放鱼苗前的 1 周可投放基肥，促进水中微生物的生长，使鱼有足够的食物。

王勤在清理鱼池

三、投喂饲料

不能给鱼投喂腐败的饲料，应根据其生长情况投喂适合的饲料，同时及时捞出残留的鱼饲料，避免其破坏水质。

四、饲养密度

根据鱼的大小适时调整饲养密度，正常情况下，每亩池塘的最大饲养量为 1800 条，但具体的饲养密度需要根据投放的鱼种而定。

王勤在给鱼池换水

走火入魔

说拔罐

职业：拔罐　　姓名：王刚廷　　性别：男

年龄：五十九岁　民族：汉族　学历：初中

采访地点：北京市怀柔区桥梓镇新王峪村至西城区西直门的车途中

采访时间：二〇二二年六月十二日

　　2022 年年初，是我来到新王峪村居住的第一个冬天。春节刚过，下了一场近年罕见的大雪。没脚脖子的积雪铺陈在我的小院里，显示着我如此富有。为赶上周一上班，我决定周日中午就叫车回城，我做好了长时间等待的准备。但没想到，马上就有人接单了，让我惊奇。原来是上王峪村的出租车司机，他正好要出车进城。我从手机地图上发现，他的车从上王峪开了很长时间才到新王峪。面对我的疑惑，他说，这大雪天，有车就不错了，上面全是下山斜坡，根本不敢开。

　　司机叫王刚廷，50 多岁，身体健壮魁梧，光头，一看就是练家子。一问，果然是武术出身。

　　他有着北京出租车司机擅聊的普遍特性。

　　王刚廷的父亲早年是志愿军，在战场上是报效祖国的好战士。后来和部队领导发生争执，赌气领着几个人出走，可想而知，结果惨淡。只好回到家乡，干起了石匠，他家这个支系几乎全都跟石头打交道。如今他家还保留一个 2 米长喂牛用的大石槽，是他太爷爷打制的，他一直不舍得丢弃。

　　王刚廷说，尽管村里王姓人家应都是亲戚，但现在也不如以前爱走动了。甚至有的人家，因为房产等家庭琐事，还打了官司。

　　1963 年，王刚廷出生，上面有一个哥哥、三个姐姐。他在村子上完小学，在山外平义分村上的初中。那时，每天天没亮就要起床，徒步五六公里上学，有时起晚了，他就一路小跑，反正是下山路，赶到学校，上气不接下气，一身汗水。放学回家，反正不着急，边走边玩，饿了，下山摘个果子吃，也是经常天黑才回家。那时全是土路，汽车很少，多是马车。

　　王刚廷在学校时就是孩子王，属于调皮捣蛋的一类。毕业时，为报复当年批评过他的老师，他带领几个学生，把教室玻璃砸了。学校找到家里，父亲只好掏钱赔付，吓得他不敢回家，怕挨揍。

　　初中毕业，他随父亲做了 7 年石匠，开山凿石，打制盖房用的石材、墓地石碑、磨面磨豆腐的石磨、养猪养驴的石槽。机械化生产工具普及后，石质生产工具需求量减少，由于这里的花岗岩纹路不行，在建材方面也没有销路，石匠手艺接近失传。

　　1985 年，王刚廷学会开车，在运输公司拉货跑长途，经常到山西拉煤，最远到过黑河。

　　1995年，王刚廷开始干出租，先后在华汽、双祥（现在叫祥龙）两家公司工作。被评为"的士之星"。疫情防控期间，他还要带头出车。明年就要退休了，他正在筹划自己接下来干点儿什么。

　　平日里，王刚廷练就一副好身板，经常在村里主持正义，爱打抱不平。有一些调皮的人，都怕他。

　　2012年，交通台办公益活动，免费教太极拳。王刚廷报名学了一年，上瘾了，他拜了教练张宗洪为师傅，开始入道。

　　师傅张宗洪传承的是陈氏太极陈发科一派。陈氏太极拳尤其要求立身中正，八面支撑，使身体内外各部位都建起巩固的防线，形成一身备五弓的蓄发之势。若遇劲敌，则内劲可猝然发出，制敌于转瞬之间。2006年，陈氏太极拳被列入第一批国家级非物质文化遗产名录。

王刚廷带小孙子
在院子玩耍

陈发科是陈氏十七世，是陈氏十四世"牌位大王"陈长兴曾孙，师承其父延熙，是陈氏太极拳承前启后的一代大师。1928 年，陈发科应许禹生等之邀到北京传拳，晚年定式了八十一式一路和七十一式炮捶，开创了北京陈氏太极拳的新纪元。

王刚廷在 200 多名徒弟中，脱颖而出，深得师傅真传。同道人夸他，身手不凡，"油瓶没碰倒过"。如今他任武馆副馆长，总教头。他和师傅、师弟三人每次参加太极拳比赛，都会包揽金牌，被称为"金牌大师兄"。比赛评委一看见他们三个光头，就说你们又来了，别人怎么得金牌。

陈氏太极拳是一种健身、强身，并且有很高审美价值的拳种，在健身、强身方面，它是一种合乎生理规律、轻松柔和的健身运动。从医学角度讲，它还是一种很好的保健体操与病人的医疗体操，在防病治病方面具有积极的作用。

中国传统文化里有许多相通相融的方面，如武术、太极、气功、养生、中医、书画、道教、易经、风水、特异功能等，可谓一脉相承。

正因为如此，师傅张宗洪就是这样一路走来。他出生在北京顺义乡下，少年习武，青年始信佛教。后拜师陈氏太极，终成大师。在其基础上，研发针灸与拔罐等中医技术，而且擅长养生、风水。在我与其交流中，他对书画与太极、中医的融会贯通，说得头头是道。从他的身上，我发现不仅是"高手在民间"，而且是"高手在乡下"。

张宗洪讲，书法是慢功夫，太极也是。书法行笔逆锋而走，拔罐也是自下而上，由表及里。他说中医包括药食、膳补、针灸、拔罐、刮痧、艾灸、按摩、推拿、膏药等。一席话，让我想起了小时候捏脑门和揪脖子等民间疗法。他还说，中医讲究"医不叩门"，"千寒易去，一湿难除"。

按张宗洪介绍，拔罐起源汉代，源远流长。他们的拔罐流派是按照身体穴位，综合太极路数，形成独特的拔罐方法，命名为"功夫罐"。与一般的固定拔罐方法不同，其为"走罐"，即点火即拔，在后背沿脊柱膀胱经走三圈。因此，比一般拔罐付出的力量要大得多。一场下来，需要几个小时，付出的体能要几千斤的力气。自身付出的汗水，要多于为病人去除湿气的水汽。

张宗洪发明的"功夫罐",不是常见的玻璃罐,而是他在厂家特意定制的黑陶罐,有独特功效。拔罐时,罐体滚烫,但罐口温度宜人。他说,中医讲究晴天拔罐,阴天湿气太重。因为身怀绝技,对病人寒气热气敏感。听也是功夫,一般湿声大,罐中声音脆;毒气大,罐中声音闷。同样,颜色也有说法,湿气大,斑痕发红紫;毒气大,斑痕发黑紫。

王刚廷现在又成为张宗洪的拔罐弟子,是师傅最重要的帮手。在师傅的带领下,可以独自操练。我见到他一场下来,衣裳已经湿透。面对年龄比他还小的师傅,他毕恭毕敬,师傅每一句教导,他都领会于心。学习中国功夫,一般都是要先学做人。在他的身上,我见证了这个说法。

当我和王刚廷聊起有关中医的绝活儿和传奇,让我惊讶的是他对此不屑一顾,说要眼见为实。

王刚廷和父亲早年承包了一个山坡,有近千亩栗子树。如今,他并没有住在父母留存的老宅里。他又承包了一个园子,就与家人住在那里,尽管房屋简陋,但别有洞天。园子是村里最大的园子,在山路深处,大杨山扑面而来,山泉水叮咚流淌。他每天在高高的山台上练太极拳,山岚之气,吐故纳新。偶尔,大秦线的运煤火车从栅栏外经过,气贯长虹。

王刚廷将园子打造得如世外桃源,种有多种果树,葡萄绿荫成片。他养着狗(藏獒)、鸡、鸭、鹅、鱼、蜜蜂,还曾养过野猪,他平日和老伴儿负责打理园子里的果树和菜园。每周他都用好几个大塑料桶装满甘甜的泉水,放在车上,给城里的师傅送去,用于饮茶。

王刚廷有一个儿子,已经结婚。每天王刚廷出车时,儿子还没有起床。他没什么工作,有时在桥梓送外卖、快件,经常还要王刚廷给发个红包。他的孙子上小学,孙女还在上幼儿园,平日在园子里和他学太极拳,踢腿练功。

王刚廷的园子过去开过民宿,现在有人想租赁,搞少儿农业技能体验培训或美术写生基地,他也想今后开发中医养生和拔罐,但投资是个棘手的问题。

附：中医拔罐养生常用方法

一、增加活力法

取穴：劳宫、涌泉、三阴交、足三里

劳宫穴位于手掌心，是手厥阴心包经的荥穴，回阳九针穴之一，具有振奋阳气、清心泻火、宽胸利气、增加活力的功能，配合涌泉、三阴交、足三里，效果更加明显，经常在此穴位拔罐可使人解除疲劳，保持旺盛的精力，以面对现代社会快节奏、竞争激烈、环境污染日趋严重的生活。

二、祛除浊气法

取穴：涌泉穴、足三里

涌泉穴位于足心，是足少阴肾经的井穴。肾为"先天之本"，主藏精，包括先天之精及后天之精，又主生长、发育、生殖，是人体的生命之源。肾气充则生长发育正常，精力旺盛；反之则生长发育迟缓，精力不足。肾为主水之脏，肾的生理功能异常则水液代谢出现障碍，人体就会出现湿毒侵袭的现象，湿邪重着黏腻，易趋于下，不易排出，常阻塞经络气

师傅张宗洪在演示技法

血，引发其他各种疾病。涌泉穴经常拔罐可以及时祛除体内的湿毒浊气，疏通肾经，使经络气血通畅，肾脏功能正常，肾气旺盛。配伍足三里更可使人体精力充沛，进而延缓衰老，体质康健。

三、疏通经络法

1. 任、督二脉透罐法

任、督二脉透罐法是对传统腹背阴阳配穴法的继承和发展，任脉为阴脉之海，督脉为阳脉之海。在任、督两脉透罐可以通透全身的阴经与阳经，起到疏通经络，平衡阴阳，对人体五脏六腑均有防病治病的作用。

2. 背俞穴及华佗夹脊穴

背俞穴及华佗夹脊穴纵贯整个颈背腰部，五脏六腑之经气均在此流通。现代医学证明背俞穴及华佗夹脊穴位于人体脊髓神经根及动、静脉丛附近，在这两处俞穴用走罐之法，可以疏通五脏六腑之经气，调整全身气血经络的协调，增强机体的抗病能力。现在背俞穴及华佗夹脊穴走罐已经成为人们最常用的保健方法。尤其对颈椎病，腰椎病的治疗有明显的疗效。

王刚廷为顾客拔火罐

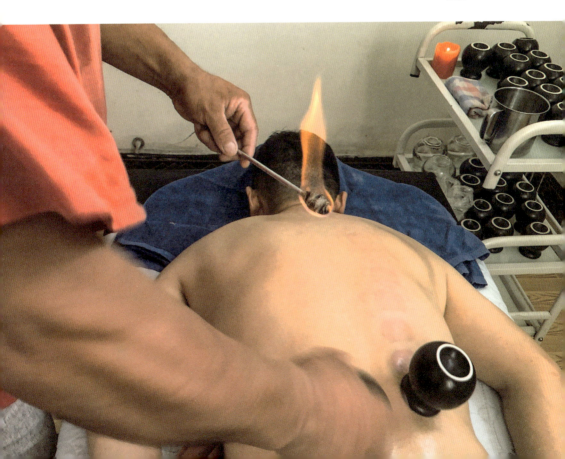

四、培补元气法

取穴：关元、气海、命门、肾俞

关元与气海穴皆为任脉之要穴，气海者元气之海也，关元为任脉与足三阴经交会穴，二穴自古以来就是保健强身的要穴。命门，顾名思义为"生命之门户也"，为真气出入之所，肾俞为肾之要穴，经常拔这四个穴位，可以培补元气，益肾固精，达到强身健体、延年益寿的目的。

五、调补精血法

取穴：三阴交、气海、肾俞、心俞

三阴交是足太阴脾，足少阴肾，足厥阴肝三条阴经的交会穴。肾为先天之本，主藏精，"精血同源"。脾为后天之本，气血生化之源，二者相互滋生，精血才能充盈。肝主藏血，可以调节人体流动血量，全身血脉都归心所主，气又为血之帅，故常拔三阴交可调补肝，脾，肾三经的气血，配以肾俞、心俞、气海可使先天之精旺盛，后天气血充足，从而达到健康长寿之目的。

六、预防胃肠道疾病

取穴：足三里、脾俞、胃俞、中脘

足三里是人体极重要的保健穴位，对于脾胃功能具有良好的双向调节作用，脾俞、胃俞为脾、胃二脏的背俞穴，中脘为胃之募穴，在这几个穴位拔罐可以有效地调节脾胃功能，预防胃肠道疾病的发生。

七、预防心血管疾病

取穴：内关、心俞、肝俞、肾俞

内关为手厥阴心包经络穴，八脉交会穴之一，通阴维脉，具有宁心安神，宽胸利气的作用。心包乃心之外围，具有保护心脏，代心受邪的作用。心俞为心脏之要穴，肝藏血，肾藏精，肝肾同源，二者都和人体心血管系统有着密切联系，故经常在内关、心俞、肝俞、肾俞上拔罐可以有效地预防心血管疾病的发生。

八、预防呼吸道疾病

取穴：天突、肺俞、风门

呼吸系统疾病多是由于风寒之邪侵袭而致，肺为娇脏，最易受邪。天突位于任脉，与阴维脉交会，现代医学报道刺激天突穴可以明显降低呼吸道阻力；肺俞为肺之要穴，风门为外邪出入之门户，故这三个穴位有着理肺止咳、祛风除邪、调畅气机的作用，经常拔罐能够预防呼吸系统疾病。

按人体穴位设计
流程

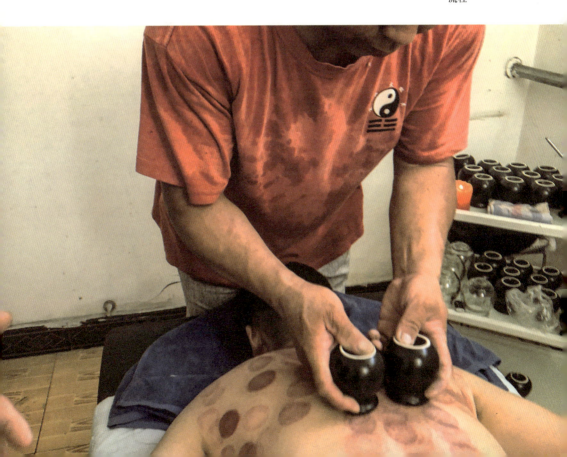

遍尝百草
就成仙

职业：采药　　姓名：赵宗顺　　性别：男

年龄：七十二岁　　民族：汉族　　学历：初中

采访地点：北京市怀柔区桥梓镇新王峪村山上山下农家乐

采访时间：二〇二二年八月二十六日

见到赵宗顺，发现他个儿不高，精瘦，面红，眼睛发亮，好表达，只是有点儿耳背。总之，不像70多岁的人。

赵宗顺是平义分村人，因为常年在王峪村山上采药，因此和村里的人非常熟悉，因为有一副好身板，加之爬山敏捷灵活，人送外号"飞毛腿"。

赵宗顺上来就主动说，他父亲叫段有清，他妹妹叫刘贵芬。一下给我说蒙了。

原来，他父亲本来姓赵，出生不久，就过继给本村的一位姓段的人家，因为段氏无子。因为是外姓人家，也不是亲戚，已经不是过继，应该算是送人。

段有清结婚后，生了两女一男，姐姐、妹妹姓段，男孩姓原来的姓，就是赵宗顺。段有清因病早逝，母亲带着妹妹改嫁，妹妹改姓继父的姓氏，因此叫刘贵芬。瞧，这叫一个乱，赵宗顺现在和妹妹没有联系。

赵宗顺在平义分村上的小学，中学也就上了两年半，就回家务农。虽然文化不高，但还是认字不少。他在我的采访本上写下许多药名，有的还是生僻字。

他说，由于没有什么手艺，干不了副业；没钱，也做不了买卖，因此只好种庄稼地。20世纪70年代末，他在和平里林业部烧了4个月的锅炉，算是他第一次进城的经历。

1980年，赵宗顺和顺义东石槽的赵金凤结婚，他们还是姑表亲，还没出五服，先后生了一个女儿赵秋菊、一个儿子赵小海。

赵宗顺从小受父亲影响，认识一些草药。从1992年起，他就专职干上上山采药的活计，至今已经整整30年了。一开始，他是为县里的药材公司供货，他有什么公司就收什么。现在是等着怀柔团泉村、承德县城、承德滦平县三个地方的药材贩子上门收购，形成点对点的供应链，专门为不同的药贩子提供不同的药材。

他目前主要是采集有关治腰疼腿疼的草药，主要是山姜（串山龙）、知母、桔梗、柴胡、山桃核、酸枣核、苦参、柏树籽、爬山虎籽、车前草等。

草药一般生长在阴面山坡地，平义分村属于平原地带，因此赵宗顺经常要到山区采药。虽然现在山路好走了，但山上柴木太多，加大了采药的难度。我问，采药那么值钱，别人都去采怎么办？他说，一是爬山一般人也不行，二是他们也不认识，发现不了。他一般要骑着电动车到山区，背着口袋和尖头镐，有时不能说是飞檐走壁，但也要徒手攀岩。

我问他，为何不人工种植草药，他说前几年兴过人工种植，但不如野生的草药药效好，没有劲儿。因此，现在的草药有的要加大药量，否则一两副药没有效果。药贩子对种植的草药收购价低，一般也不收。

采集的草药，有季节性及生长期的区别。有的还要晾晒和切割加工。有的要鲜的，如果放干了，收购会亏分量。赵宗顺说，为保鲜，我有时会将草药放冰箱里，但冻坏了，还是白费。

我问他，为何没有学中医看病？他说没文化，学不来。另外，干什么吆喝什么，只能干一样。他说，采药过去有竞争，现在没那么多人干了，但收购价太低，收购量也不大。反正是刨药的不如收药的。他一年能挣三四万元，还可以。

他两个孩子都成了家，买了楼，买了车。他赞助孩子 30 万元，除了他多年采药挣的钱，还有就是修马路占了他家口粮田，一亩地补偿 4.8 万元，一共有 18 万元。

赵宗顺还是平义分秧歌高跷队的队长，逢年过节还要组织演出，有点绝活儿。

赵宗顺徒步上山

2017 年，赵宗顺的老伴儿因脑出血去世。他先后找过两个四五十岁的人，有的还是城里的退休工人。但她们还没见面就要红包，接触一段时间，不给钱花，就跑了。孩子们也反对他续弦，对她们说，我们只养老爸，房子也别想承受。

附：中药材采集方法

一、果实与种子类药材

一般多在果实接近成熟时或成熟时采收，如栝楼、栀子、山楂；有的在果实成熟后经霜变色时采摘，如川楝子经霜变黄、山茱萸经霜变红时采摘。有的专采未成熟的果实，如枳实、青皮等。如果实成熟期不一致，可随熟随采，过早采收则其肉薄，过迟则其果肉松泡，影响质量与产量，如木瓜等。种子类药材必须在果实完全成熟时采收，如牵牛子、决明子、白芥子等。

二、动物类中药材

因其种类、药用部位不同而异。一般动物及虫类药材大多在春、夏、秋三季采集，在其活动期捕捉，如斑蝥、蚯蚓、蟾酥、全蝎、蛇等。有的以卵鞘入药的，则在 3 月中旬前收集，过时则虫卵孵化成虫。以成虫入药的均应在其活动期捕捉；有翅昆虫清晨露水未干时便于捕捉；鹿茸则应在 5 月中旬至 7 月下旬锯取，过时就骨化为角；牛黄、马宝结石类药材应在屠宰时注意收取。两栖动物如蛤士蟆，则于秋末进入冬眠时捕捉，不可用炸药或通电捕捉，竭泽而渔、杀鸡取卵的办法应予禁止。

三、根及根茎类药材

根为植物贮藏器官，当地上植株开始生长时，往往会消耗根中贮藏的养分，所以一般根及根茎类药材多宜在其休眠期采收，即秋季及冬季采收。例如，地黄在秋末或冬季采收，此时质地坚实，干燥后粉性也足。可是到了春天，地上部位长出后，这时采收就松泡，干燥后其性状干瘪如柴，没有粉质，不能入药。但也有例外，如明党参春天来收，太子参则在夏天采收较好，延胡索（元胡）是早春植物，则应在立夏后地上植株部分枯萎前采挖。

四、叶类及全草类药材

应在中草药地上部分生长最旺盛时或在花蕾将开放时，抑或在花盛开，果实尚未成熟时采收，如艾叶、紫苏叶均在开花前采收。少数叶类药材秋冬时采收，如桑叶即如此。全草类的青蒿、薄荷均在茎叶旺盛生长时采收。益母草、荆芥、香薷等在开花时采收。全草类一般割取地上部分，少数连根挖起，全株药用，如蒲公英、细辛等。

五、花类药材

一般宜在花含苞待放时采收，不宜在花完全盘开时采收，更不可在花衰败欲落时采收。因为后两种情况不仅影响药材性状、颜色、气味，更重要的是药效成分的含量也会显著减少。如金银花、辛夷花、丁香、槐花米等都应在花含苞待放时采收。红花、洋金花等均宜在花刚开放时采收。菊花等在花盛开时采收。花期较长，花朵陆续开放的植物，应分批采摘以保证药材质量。个别如松花粉、蒲黄更要掌握采集花粉的时间，否则自然脱落，影响产量。

六、茎木类药材

一般在秋、冬两季采收，如关木通、大血藤、忍冬藤、首乌藤等。有些木类药材全年可采，如苏木、降香、沉香等。

七、皮类药材

一般在春末夏初采收，此时树皮养分及液汁增多，形成层细胞分裂较快，皮部与木部容易剥离，伤口较易愈合，如黄柏、厚朴、秦皮。少数皮类药材于秋冬两季采取，如川楝皮、肉桂等，此时皮中有效成分较高。

我们都是做苦力的

职业：兽医　　姓名：朱路章　　性别：男

年龄：七十五岁　　民族：汉族　　学历：小学

采访地点：北京市怀柔区桥梓镇新王峪村四十号

采访时间：二〇二二年八月十四日

耿春英家的驴最近意外受了伤，不知道是野猪还是狗，将驴屁股咬了一个大口子，皮开肉绽，耿春英心疼得直哭。特地从内蒙古请来了专业兽医，进行了医治处理，余下的消炎针交给了村里的兽医朱路章，负责每天打一针，朱路章拿起长长的针头，说："多少年没摸过这玩意了。"

朱路章的父亲朱景瑞，1947 年当解放军，后退伍回乡，当了村干部，1967 年因病去世，才 52 岁。

朱家有哥儿六个，姐儿两个。老大过继给了大伯，老二是朱路章。

朱路章在村里读到小学四年级。很小就下地干活儿，挑水插秧，种白薯。后来当了建勤工，在黄花岭公路工地打眼儿放炮，卖苦力。

1975 年，朱路章被村里推荐，到怀柔农大培训班学了两年兽医，从此，开始了兽医的生涯。

那时，村里虽然穷，但设施齐全，有维修站、种子站、兽医站，当然，也有赤脚医生。朱路章还不是专职的，平日还要干农活儿。

当时大队有马 5 匹、驴 16 头、骡子 6 匹、牛 30 头，以保障三辆大车及耕地、拉磨等用畜。

当时，村里还有马相等一两个兽医，他们还要负责猪、羊、兔及家禽（鸡鸭鹅）的防疫，特别是劁猪的工作。

朱路章介绍猪预防三疫：猪瘟、丹毒、肺疫。20 世纪 80 年代，大队兴建猪场，最多时，有一百头左右。1990 年，猪场被承包，扩大发展，大猪小猪一下进了 220 头，打了防疫针后，引发猪瘟发作，不到三天，猪全死了，彻底赔了钱。

要说，这也够忙的，好在那时牲畜家禽身子骨也普遍健康。

1983 年，大队解体，大车牲口分给个人，朱路章的兽医也消停了，偶尔有人家请他，他也就是义务服务，收点儿药钱，最多混顿饭吃。

1994 年，退耕还林，牲口牛羊都不让养了，朱路章彻底不干了，就连他的徒弟，也是他的侄子朱京彪也改行画画了。

回忆起近 20 年的兽医生涯，朱路章说，平平淡淡，没有什么可歌可泣的经历。记忆深刻的有三件事。

早年，有一次一头小牛吃了一个整个的苹果，卡在脖子处，胀肚，憋得够呛，怎么也处理不好，他用手一点儿一点儿捋牛脖子，托住苹果，最后把苹果给挤出来了，救活了牛。

　　还有一次，他为村民给小猪看病，他把药喂进猪嘴，猪刚好叫唤，药片进了气管，不但没把猪治好，还把猪憋死了，好在村民也没抱怨。

　　再一次，村里大队的骡子肠胃发炎，导致发烧，当时朱路章不在村里，村民给打的青霉素只有 100 毫升，他后来看见骡子不见好转，屁股发烫，赶紧用车将骡子拉到桥梓兽医站，那里的医生赶紧加大药量，并直接口服。但由于耽误了时间，最后骡子还是死了，叫人可惜。

　　朱路章的老伴儿也是本村人，是马明的姐姐马桂华，他们是 1976 年结的婚。马桂华是村里著名的舞星，广场舞的佼佼者。今年，他们又盖了新房，是二层楼。他们有两个女儿，一个在镇政府工作，现下放到村里任协管员，一个在迁安的首钢上班。

　　朱路章不仅有兽医知识，还对农活儿非常熟悉，他说，有的农活儿就是讲究时间，讲究快，因此叫"抢秋夺麦"。他介绍说，今年的枣树躲过雹灾，但种在低处的枣树还是没有结果，因为春天的那场雪，形成"高山雪、洼处霜"的效应。

从内蒙古请来的兽医在给驴配消炎药

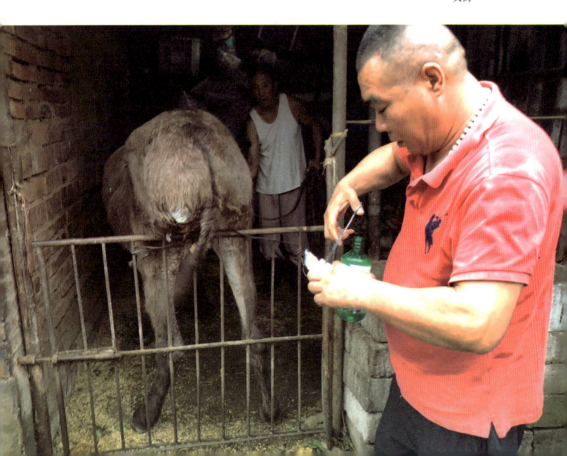

附：农村兽医流程

一、"六诊"法

兽医"六诊"法相当于中医的"望闻问切"，说简单也简单，就看大夫个人水平和临床经验了。它们是"问视触叩听嗅"。

1. 问诊

动物不会说话，所以问诊主要是问动物家长，动物哪里不舒服、哪里有异常，本次发病时间，既往史，过敏史……有些特殊病例还要问家里饲养环境、日常饮食、消毒情况、家里是否有人吸烟、家里有无同种动物等。

2. 视诊

视诊一般分为群体视诊和个体视诊，但是动物发病一般是个体，群体同时发病的较少。视诊是，要同时观察静态和动态。对于骨科和运动异常的动态视诊尤其重要。静态视诊主要应观察动物家长所说的异常和皮毛、可视黏膜（口腔内、眼结膜）、天然孔（眼周、肛周、耳内、鼻周等）、坐姿、卧姿、站姿、患肢、患侧、患处等情况。

3. 触诊

触诊就是摸、按、揉、捏患处，怀疑某些疾病时可以用到。比如，不敢落地的患肢寻找痛点、腹腔触诊（肾脏、肝脏、肠套叠、子宫蓄脓、异物等）、外伤的患处触诊等。

4. 叩诊

使用手指或叩诊锤，通过敲击动物体表发出的声音判断疾病大致情况的方法，在小动物身上应用较少。

5. 听诊

一般以心脏听诊、肺脏听诊为主，腹腔听诊为辅。

6. 嗅诊

通过分泌物的气味判断疾病大致的方向，比如细小时粪便的特殊气味、酮症的烂苹果味、肾衰时口腔里的尿臊味等。

二、临床基本检查

通过简单的工具就可以进行的检查，比如 TPRB（体温、心律、呼吸、

体重)等。需要使用仪器、设备来进一步诊断,为确诊增加化验检查的佐证。

三、确诊

确诊之后,兽医师有义务介绍该疾病的基本情况,比如发病率、死亡率、治愈率、复发率、病程、疾病的特点等。

四、治疗

首先是方案的选择和确定,然后对症下药,或者采取手术措施。

朱路章在为受伤的驴注射

上七下八

说木匠

职业：木匠　　姓名：王斌廷　　性别：男

年龄：六十四岁　　民族：汉族　　学历：高中

采访地点：北京市怀柔区桥梓镇上王峪村九号

采访时间：二〇二二年七月二十八日

最近，有一部视频片《二舅治好了我的精神内耗》在微信朋友圈火爆，二舅成了木匠代名词。可以说，上王峪村过去有九个"二舅"，64 岁的王斌廷是村里最后的一代木匠，也是村里现存最年轻的木匠。

王斌廷家在上王峪村村口，他家院门面朝水库，几棵栗子树在门前洒下巨大的绿荫，左右有青山环抱。我此前采访的拔罐的王刚廷、种烟叶的王仲廷和眼前的王斌廷都是同辈人。他说，他们王家名字按辈分从"廷"字在中间，隔着 10 辈人，"廷"字变成尾字，因此，他们这辈"廷"字都在名字最后一个字。

王斌廷的父亲王秉瑞，早年参军，在东北四野部队，后到朝鲜参战。退伍回来后，担任村书记，多次参与沙峪口及怀柔的水库建设。王斌廷记得父亲那时总是每天晚上在队部开会，点着油灯，商量第二天农活儿的安排。父亲在墙上巨大的投影，就像村里引水渠的水泥柱一般，似乎可以撑起欢快的河水。

王斌廷有两个哥哥、一个弟弟、一个妹妹。他在村里上完小学，在桥梓上完高中，尽管学业一般，但毕竟是村里少数的高中生。

他在大队开过推土机，在怀柔西水峪水库工地干过厨师。由于常年在外，自由惯了，不喜欢下地干活儿。但不下地，上哪儿吃饭呀。

看见 18 岁的儿子游手好闲，父亲着急，便找到大队长王秉贵，让儿子和他学做木匠。靠手艺吃饭，可能更牢靠一些。王斌廷心灵手巧，运斤成风。几年后，成为村里数得上的木匠。他不但有了饭吃，还吃上百家饭。那时，做木匠给东家干活儿，不但给工钱，还要管饭。尽管各家的饭菜水平不一，但木匠手艺要一样，也就是可能富裕人家的工期要长一些。

在父亲的撮合下，王斌廷最终娶了师傅的女儿，师傅成了岳父，师傅的两个儿子成了大舅哥，也是他的师兄。其实，师傅和父亲也是王氏家族的平辈人。正是由于这种多重身份，王斌廷待岳父如同亲生父亲一般。

那时农村结婚虽然谈不上手表、自行车、缝纫机几大件，但大衣柜、写字台、高低柜是必不可少的。好在王斌廷可以亲手打造，木头肯定是实心的。

王斌廷介绍，木匠分大木匠、小木匠和小席作，大木匠做大车、房梁、柁架、棺材等；小木匠做家具、农具、门窗、梯子等；小席作做梳子、玩具、木盒等。而木匠徒弟也分全活徒弟、小活徒弟，一般在一拨徒弟中，师傅只传授一个徒弟为全活。

过去农村木匠讲究上七下八，说的尺寸主要是尺，具体来讲，"凳不离三"是指做长条木凳时长度的末位一定要带一个"三"数，如二尺三，四尺三等，取自"桃园三结义"，"三"有忠义的象征。"门不离五"，农村做门无论大小宽窄，其尺寸末尾数都离不开"五"，象征"五福临门"之意。"床不离七"，七同妻谐音，男人做床都希望和妻子一起同床，如果没有七，怕找不到老婆。所以床板一般在二尺七寸，双人的床也要四尺五寸七，有夫妻同床偕老之意。"棺不离八"，过去农村做棺材，一般都是八尺，"八"同"发"谐音，有升官发财的寓意。"桌不离九"，过去农村吃饭都是八仙桌之类的方桌，它的边长及高度都讲究要有"九"，寓意为吃饭不离酒，有热情待客之意。

王斌廷说，那时村里一共有九个木匠，小村根本养不起，有的木匠要出去打工。况且，村里的木材也有限，沟里的大柳树基本被砍伐成了棺材材料，经大队批条，分给了有老人的家庭，其余，木材要从县城木材店进货，也要凭票供应。他指着自家的房柁说，当时是村里最粗的，一根要 380 元。而他家的木窗框也是村里最大的，开创了村里的先河。当然，现在村里断桥铝的门窗比他家的木窗框大多了。

当时木匠一天工钱一块五，但那时没有专门的油工，全是木匠自己干。

他说，瓦匠可以修补找齐，木匠丁是丁卯是卯，一榫一卯，没有余地，严丝合缝。现在的木匠可以靠电脑录像，对结构分解，他那时要全凭眼力。

有一次，铁路局招木匠，他的小舅子去应聘，考官说做一把椅子要什么工序？小舅子回答，看你是用板材还是用原木？考官一听，说话专业，就没有再往下问，直接录用了。

2003 年，在一次劳作中，王斌廷用电锯破板材，当板材推到尽头时，他一抬头，被电锯打掉了门牙，豁了嘴，差点被切了瓢。说到底，全是现代化惹的祸。从此，他告别木匠，只是偶尔给别人帮帮忙，风光不再。偶尔做点儿根雕，聊以自慰，还美其名曰，艺术无价，多少钱不卖。

后来，他承包水库，养鱼，但有一年天旱，水库没了水，鱼全死了，彻底赔了钱。再后来，水库被收回，不让养鱼，他与水库解除了合同。

由于上王峪村山林面积大，护林员用工需求也大，因此，70来岁的人也可以派上用场，村里的老人乐而为之。王斌廷60多岁，也在其中，成了看林员，一条红箍像是他人生的句号。

他的儿子结婚后住在顺义，在一家飞机配件厂工作，与木匠差十万八千里。

他拿起院里挂着的锈迹斑斑的手锯，似乎是要展现昔日的包浆，但就像无法揭去的伤痛，暴露无遗。院里堆积着一堆大衣柜的半成品，也如同在向这个时代告别一般，显得十分憋屈。借用《二舅治好了我的精神内耗》一句文案：他"就这样又过去了二十年，乏善可陈。是的，普通人的生活就是这样，普通到不快进一万倍都没法看的"。

王斌廷从家里可以看见水库的风景

附：木制家具制造工艺步骤

木匠的主要工具有：锛、凿、斧、锯、刨、锤、钻、铲、锉、尺、墨斗等。按制作物件，木匠要先以尺寸下料，用墨斗弹线，然后沿线锯木解板等。

一、备料

1. 板材干燥，将木材的含水率控制在 8%~10%，没有干燥过的木材一般含水率在 50% 以上，干燥过后的木材不容易出现爆裂变形等现象。

2. 平衡，把干燥过的木头自然放置几天，让木材恢复平衡。

3. 选料配料，木制品按其部位可分为外表用料、内部用料以及暗用料三种。外表用料露在外面，如写字台的面、橱柜的可视部分等；内部用料指用在制品内部，如内挡、底版等；暗用料指在正常使用情况下看不到的零部件，如抽屉导轨、包镶板、内衬条等。选材时注意节疤、内裂、蓝变、朽木、端裂。

4. 粗刨，给毛料板材定厚。

5. 风剪，毛料板材修整长度。下料按所需长度加长 20 毫米。

6. 修边，截去毛料板材上不能用的毛边。

7. 配板，木料配板选材分直纹、山纹，颜色搭配一致，配板宽度按所需宽度合理放余量。选料时要把内裂、端裂、节疤、蓝变、朽木部分取下。

8. 布胶，在木材之间均匀布胶，胶的配比按固化剂(10~15 克)、拼板胶(100 克)的比例，每次调胶 500 克左右。

9. 拼板，使用拼板机将木材进行拼装，拼板注意高低差、长短差、色差、节疤等。

10. 陈化，布胶完成的木材放置 2 小时左右，让胶水凝固。

11. 砂刨，刨去木材之间多余的胶水，使木材板面无多余胶水。

12. 锯切定宽，用单片锯给木材定宽。

13. 四面刨成型，根据需要的形状刨出木材。

14. 养生，将木材自然放置 24 小时左右。

二、木工

1. 宽砂定厚，按要求砂止符合加工要求的尺寸，机加完成后进行抛光砂，粗砂一次砂 0.2 毫米，抛光砂一次砂 0.1 毫米。

2. 精切，给毛料定长，加工过程中做到无崩茬、不发黑，长与宽加工误差不超过 0.2 毫米，1 米以下对角线误差 ≤ 0.5 毫米，1 米以上板片对角线误差应 ≤ 1 毫米。

3. 成型，根据图纸将木材加工成型。加工时不允许有崩茬、毛刺、跳刀和发黑现象，加工的部件表面应光滑、平整、线型流畅一致，加工前检查设备部件螺丝有无松动，模板是否安装规范，刀具是否装紧，加工过程中禁止顺刀进料，部件尺寸误差不超过 0.2 毫米。

4. 钻孔，按图纸的工艺要求钻孔，加工过程中做到无崩口、无毛刺，孔位加工误差不得超过 0.2 毫米，产品要做到配套钻孔，常试装、勤检查，确保产品的品质。

5. 配件栓砂，砂光配件，砂光好的成品应平整、无砂痕、边角一致。检砂前应先了解部件的使用位置，先补土后砂光。

6. 小组立，组立不用在拆开的部件，组立前应先备料，把所有要组装的部件按图纸加工的要求检查无误，部件无崩口、毛刺、发黑现象，首件装好后复尺与图纸工艺没有误差的情况下开始量装。组立过程中胶水布涂均匀，组立好的半成品，应无冒钉、漏钉现象，结合严密，胶水擦拭要干净。

7. 大组立，检查试装部件与图纸是否有误差。与小组立区别在于，大组立完成后便是成品。

8. 成品检砂，将成品进行砂光，要做到平整、无砂痕、边角一致。

9. 平衡，将部件自然放置一段时间。

10. 涂装上线检砂，将工件的表面重新打磨一遍，特别是木材表面的毛细纤维。同时检查自身的缺陷是否已经处理好，如修补不良、砂光不良、开裂、变形等。

11. 吹尘，将工件表面的灰尘吹干净。

三、涂装

1. 擦色，擦色剂由专业技术员调配后，需先试擦，确认擦色剂是否正确适度（以色板为准，适当调节）。擦色前需先将擦色剂搅拌均匀，直到没有沉淀物为止，使用的毛刷必须先清洗干净，擦拭的布条必须为不掉色的布条。用毛刷均匀刷遍产品，不能有漏白的现象，再用布条快速地将擦色剂擦拭干净。检查产品是否有残留的擦色剂，是否有流挂、着色不均匀等现象。

2. 底着色，根据色板的要求选用底色，将素材间的色差通过底色进行调整。

3. 头度底漆，喷涂前需先将灰尘吹拭干净，检查擦色效果是否良好。头度底漆浓度为 16 秒，喷涂厚度为一个十字。

4. 干燥，喷涂完后待干 6～8 小时。

5. 清砂，先填补所有碰剐伤，再用 320# 砂纸轻轻砂一遍，主要是将喷漆后产品上所产生的毛刺砂掉。

6. 二度底漆，喷涂前先将灰尘吹拭干净。

7. 干燥，喷涂完后待干 6～8 小时。

8. 清砂，先将有缺陷的地方填补到位，再用 320# 砂纸将油漆面打磨光滑、平整，漆面不能有较大的亮点。

9. 三度底漆，喷涂前先将灰尘吹拭干净，厚度为一个十字。

10. 干燥，喷涂完后待干 6～8 小时。

11. 清砂，用 400# 砂纸将漆面打磨光滑、平整，漆面不允许有亮点存在。

12. 修色，修色前必须先检查产品是不是良品，产品上的灰尘和污染物需清理干净。由技术人员调配好颜色，再比照色板先修一个产前样，由现场主管确定颜色后方可作业。

13. 油砂，修色后的产品须待干 4～6 小时，再以 800# 砂纸将产品表面打磨光滑。打磨过程中要注意，防止打漏、色漆打花等现象。

14. 面漆，面漆前需先检查产品是否属于合格品，产品表面是否光滑，表面灰尘和附着物须清理干净。面漆浓度为 11～12 秒，厚度为一个十字。

15. 干燥，待干 4 小时。

石匠

闷声不响
的石匠

职业：石匠　姓名：王丙江　性别：男

年龄：七十一岁　民族：汉族　学历：小学

采访地点：北京市怀柔区桥梓镇上王峪村八十六号

采访时间：二〇二二年八月五日

那天上午，我来到王丙江的家，见他光着脊梁躺在床上睡大觉。我感到困惑，这点儿怎么就又睡上了。他老伴儿说，他有时4点就起床，到山上割羊草，回来喂完两只羊，一天就没什么事干了，可不就又睡了，等着我中午叫他起来吃饭。

王丙江的父亲叫王茂昌，是村里最好的石匠，十里八村的人都找他打磨盘。石匠和木匠一样，挣一样的工钱。因此，同样可以吃百家饭。打一个磨盘，也可以换30多斗棒子面。

王丙江家门口，有个废弃的大磨盘，是他父亲生前亲手打造的，据说现在山上还有一个巨大的半成品磨盘，也是他父亲的作品，被遗弃在路边，没有人弄得动。王丙江家旁的山沟里，有他父亲当年开凿的水塘，当年供村里好多人家吃水，如今，他用水塘养从水库打的鱼。山壁上那曾经雕凿过的痕迹，如同他父亲的手掌，还在抚摸着流淌的岁月。

据说，乡村工匠的排序是：石匠、木匠、瓦匠，可见石匠地位之高，他们都是一个祖师爷，就是鲁班。民间有说法，"长木匠、短铁匠，不长不短是石匠"，这是古代的匠人们在长期的实践中对于选料、配料而总结出来的经验，其也说明了不同行业和加工对象的特点。

现在流行一个石匠励志的故事：有三个石匠，他们正在干活儿，一个路人很好奇，就去问他们都在干什么，第一个石匠说：我在混饭吃；第二个石匠说：我在做世界上最好的石匠活儿；第三个石匠仰头看着天空说：我在这造一座大教堂。5年后，第一个石匠被辞退了；第二个石匠勉强保住了饭碗；第三个石匠则成了世界上著名的建筑师。

对于石匠王茂昌来说，可没有那么远大的抱负。他的三个儿子都成为石匠，已经是上天给的最大的福分了。

王丙江兄弟三人，他最小。在村里上到小学三年级，就开始为家里放猪、放羊、放牛。后来，他就与二哥学石匠手艺，靠做石匠挣工分，混饭吃。

虽然石匠可以吃上饭，但毕竟还是体力活儿，一般一件石磨，也要打十几天。手上经常有老茧和血泡，冬天经常被冻裂出一道道的血口子。

王丙江拿出石匠的工具，上面锈迹斑斑。他说，那时的钢材非常硬，因此才可以开石。

铁楔子主要是用来开凿大石头用的。在山上找到合适的石头后，石匠就要找石头的纹路，用铁楔子沿着纹路打进去，然后用手锤把铁楔子打进去一点儿，待铁楔子稳固后，第二个工具出手，抡起大铁锤来锤打铁楔子，使用同样的方法，打进去多个铁楔子，石头就会从一整块的石头上面凿开了。

石头开凿出来后，是一大块，起码有几百斤重，这时候就要用一根撬棍把石头撬出来。这是一个非常累人的活计，一个人用撬棍撬着，一个人抡起大锤锤打撬棍，使之与大整块的石头断开。

錾子是用来凿平和开槽的工具。

手锤主要是用来做精细的开凿的，一手拿着錾子，一手拿着手锤打錾子，把石块多余的地方打掉，或者是开槽等。

大锤与小锤形状差不多，只不过是大一点儿，手柄长一些，方便锤打石头，把石头打裂的工具。

钢钎有尖的也有圆的，也可以同錾子一样，用来开凿，也可以用在第一个步骤来开石头，有时还用来当撬棍用，用在一些小的石头上面。

王丙江还介绍，有一种叫喇叭锤，底大腰细。

由于常年锤打冲撞，那些锤头和錾头有厚厚的卷帽和包浆。而且，那些工具，当年都是石匠自己用煤炉打制的，也算是半个铁匠。如今，这些工具变成了古董，已成了回忆。

我问他，石匠整天和铁器、石块打交道，有什么危险经历？他说，其实有了现代工具，如电风镐等，才容易伤人。特别是有了炸药后，省时省力，但危险系数大了。那一年，村里有个石匠，在点雷管时，嘴里叼着烟，烟灰掉在雷管上，炸掉了手掌，打了一辈子光棍。

父亲那辈石匠也没有开凿佛像及工艺品，主要打石磨、碾子、猪槽、牛槽、炕门等实用农具。在石磨、碾子表面还要打出交叉纹、云纹、鱼鳞纹等装饰纹路，也是为碾米时加大咬合力度，更易粉碎粮食。而到他这一代的后期，已很少打农具，更没有艺术性。基本上是开采石条建材，或是碎石料，没什么技巧可言，也没有什么细活儿可说。

1985 年，村里修铁路，哥儿仨都办了农转非。大哥在粮库工作，二哥在林业局工作，他在印刷厂工作。

王丙江常年和石头打交道，与石头对话，不爱与人交流，听力下降，性格甚至有些木讷，一直没有结婚。直到 1992 年，已经 41 岁的他与离异带一女孩的马玉杰结婚，后生了一男孩，日子才过得阳光灿烂起来。

正是由于他的木讷性格，哥儿仨分家时，哥哥们选的是靠近街里的宅子，他选择的是靠近水库山边的老房子。如今，风景地界出租房子租金高，还可以办农家乐，他的哥哥们又后悔了，和他发生争执，还闹到了法院。这种现象，在农村很普遍，有人说，一般打架的都是亲兄弟，外人很少打架。

我见到王丙江时，他半夜打水库的渔网，早上刚刚被巡逻队收走。现在，水库有专人把守，禁止打鱼。旁边人说，别人都是天亮就不打了，你早上还打，不是往枪口上撞吗？

2001年，印刷厂倒闭，王丙江下岗回乡。本想重操旧业，但不久，为迎接2008年奥运会，环境保护，政府禁止一切开山采石活动。

王丙江说他喜欢那种用手锤、錾子敲打石头时，石屑四飞的感觉。但如今，王丙江作为村里最后一个石匠，成了无所事事的人，喂养着两只羊。一切都是软软的，没有力气。

上王峪村山上昔日的石匠采石场，遗留的石碾残件

附：石匠的重点工序

石匠的工作程序如下：开山取石料、相料取形，不打画稿、成图在胸，心手并用，心到手到，因材施技、浑然天成。有"砍""铲""走""抢""磨""抛""滚""擀""剁""刨""钻""搓"等十几道技法和工序。

一、选料
石匠根据要做的石具类型、大小来选择石料，硬度大的石料最好。

二、采料
开采石料是个力气活儿，石匠用铁弯尺、三尺方来确定长、宽、高，再用墨斗在石头上做好标记；然后用錾子敲出一个个小坑，将钢钎放入坑中，用二锤敲打钢钎，将石料分割开来。

三、制成毛坯
用二锤将分割下来的石料锤成毛坯，拿尖錾把石料的棱角錾规则，再拿扁錾将其表面錾平整，然后根据所需要制作的石具进行下一步工序。

四、细致加工
收尾工作。比如制作石磨，最关键的就是上扇与下扇的开齿，要斜着从八个方向开，并且保持平整。

垒起承重的二七墙

职业：瓦匠　　姓名：刘少辉　性别：男

年龄：五十四岁　民族：满族　学历：高中

采访地点：北京市怀柔区桥梓镇新王峪村山上山下农家乐

采访时间：二〇二二年八月十一日

　　刘少辉是为我租住新王峪村的房子做装修的瓦匠，他的手艺给我留下了深刻的印象。我时常见他在村里参与房屋装修，我以为他就是这村里的人。

　　其实，刘少辉是河北省承德市丰宁满族自治县天桥镇下方营村人。丰宁满族自治县县名来源于乾隆皇帝御赐，取字"丰阜康宁"，天桥镇有"京北第一草原"旅游点儿。这些资讯，对刘少辉意义不大，他只知道，他家乡的潮河是北京密云水库的水源，那里盛产玉米。

　　刘少辉现常年住在怀柔庙城高两河村，媳妇、孩子也在北京。他经常在新王峪村干活儿，许多家都是他装修的，他已和村民打成一片，外人连口音也听不出来了。

　　刘少辉的爷爷是村里的教书先生，但去世早，那年父亲才5岁。父亲7岁时就已经放7头牛了，可见早已自立。父母主要靠种玉米为生，也种麦子和水稻。漫长的冬天，留给刘少辉贫瘠的记忆更为深刻。

　　刘少辉上面有一个哥哥和三个姐姐，下面有一个弟弟。他从小聪明好学，在村里上的小学，在天桥镇上到初三，在县里黑山嘴上高中，本来是可以参加高考的苗子，但一场大病断送了他的前程。因为得了肺结核，

刘少辉在为民宿
干活儿

他不得不中断学业，耽误了高考。如今每每回想起来，他都意难平。

回家干了两年农活儿，他经人介绍，跑到了北京。

1989年，他来到北京顺义的城建集团直属二队的建筑队，拜师学做瓦匠。他师傅是副工长兼技术员，技艺精湛。他连干带学了3年，很快就出徒了。我问他何以提前出徒，他说，别人偷懒睡觉，他就一个人在工地干，他还记得第一次独立抱大角，是在密云清水桥的工地上。

1991年，他回乡娶了媳妇，先后生了两个女儿。

成家立业应该是刘少辉此时的状态。1994年，他在家乡成立了建筑包工队，一下就承揽了丰宁工商银行办公楼的工程。但在施工时，一个工友被从上面掉下的砖头砸伤了，脚跟粉碎性骨折。包工队没办保险，他赔了医药费，并亲自伺候了一个月。出师不利，他一赌气，解散了建筑队。偶尔，帮别人打点儿零工，瓦匠手艺一直没丢。

2003年，刘少辉来到北京清河美都利康二手家具市场干活儿，他开着130，走街串巷收旧家具，为市场供货。那几年，他还真收到了不少老家具，甚至是红木老家具，挣了点儿钱。也在天通苑开了个旧家具摊位。

刘少辉和同伴装
卸建筑机械

后来，他结识了一位浙江老板，跟着他干组装装修门的活计。由于他有瓦工技巧，组装效率高，深得老板待见。但老板在一次出差途中，发生车祸去世了。从此，他没了活计，财路断了。

按刘少辉的说法，自己老走背字，看不见出人头地的未来。他有两个徒弟，都干起了建筑队，发了财，但他没办法去投奔他们。

2009 年，走投无路的刘少辉跟着连桥来到怀柔，重操旧业，干起了建筑装修。

2016 年，在沙峪口建筑工地上，他结识了新王峪村建筑队的老板马继宝。马继宝见他人安稳，活儿好，就将其召集在旗下。从此，刘少辉就在新王峪村干了起来，直到现在。

刘少辉手艺来自肯吃苦，不叫累。交给他的活儿，他一人干，也要干完干好，没有对付。由于有文化，细心，精于计算，不是算计报酬，是算计工程尺寸，他是建筑队里工钱最高的人，一天 300 元左右。村里没有人比得过他，许多人给他当小工，递砖和灰，甚至比他大的人也是如此。

几年下来，刘少辉挣了不少钱。他资助了哥哥、弟弟家的孩子上学，一个大专，一个中专。如今，当教师的哥哥已经退休，在补习班教课。大哥在家务农，比较贫困，侄子结婚时，都是他操办的。甚至办结婚证的 200 元手续费，都是他出的。

他的女儿结婚时，对方给了 6 万元彩礼。后来被他退了回去。他说，我的钱来得不容易，我知道别人也不容易。

现在，网购家具普遍，年轻人以为照图纸组装，轻而易举。其实，有的组装很麻烦，要特殊工具，而且有的差一点儿，门装得就不合适，甚至打不开。这又成了刘少辉的拿手活儿，我问他，这算什么工？他说，都是手工。

附：瓦工施工流程

一、泥瓦工施工前准备

泥瓦工施工过程中需用的材料有：墙面砖、地面砖、仿古砖等主材，以及水泥、砂子、红砖等辅料。施工前应对施工现场的材料进行检查。

1. 首先是对主材的检查，应看其品种、规格、颜色是否符合设计要求。检查墙面、地面砖是否有破损现象，随手拿两块砖，面对面放在一起，看表面的平整度是否相差得大，用尺量其宽、窄、对角线长度差，形状是否平整方正、有无缺边掉角、有无开裂和脱釉、有无凹凸扭曲，渗水程度怎样等。

2. 其次是对泥工辅料如红砖、水泥、砂子的检查。如红砖的规格是 240 毫米 × 120 毫米 × 60 毫米，硬度强；水泥通常采用 32.5# 水泥，颜色呈黑灰色，使用期限是否过期（三个月以内），详见水泥纸袋的标签。砂分粗、中、细砂三种，家庭装修采用的是中砂，需观测其含泥量是否超标、是否干净。

3. 施工工具准备。泥木施工中会用到的工具主要有：挂线、靠尺、平水尺、准砣、角尺、切割机、铁铲、灰桶、刷子、锤子、砌刀等。

二、泥瓦工施工顺序

1. 铺贴卫生间墙砖（门套安装前）。

2. 铺贴阳台地面砖。

3. 铺贴厨房墙砖（门套安装前、橱柜安装前）。

4. 浴缸基础砌筑。

5. 卫生间、厨房地面防水层。

6. 卫生间地面。

7. 厨房地面。

三、泥瓦工施工要点之墙面找平

墙面找平包括阴角、柱头、屋梁该直要直，该平要平（闭上一只眼，另一只眼从侧面看，无波纹）。

1. 如果地面贴大理石，石材背面要做防水。

2. 燃气排管要在贴瓷砖之前完成，并要画个图或在墙上做标记，以备橱柜公司根据需要在柜身开孔。

3. 要安装燃气报警器，预约燃气点火。

4. 烟道的阀门装回去之前，一定要擦干净，保证阀片能够开关自如并能开到最大，否则会影响油烟机的排烟效果。厨房的铝扣板，油烟机上方的两块，开好孔后要等油烟机完全装好之后再安上去。

四、防水的施工方法

1. 基层处理：先把墙体和地面修平，清洁干净，必须使墙体和地面平整、压实、收光；表面牢固、干净、无明水。

2. 三遍涂覆：待墙面和地面干燥并干净后，用滚筒及刮板涂覆，按照打底层—中层—面层的次序逐层完成，各层之间间隔以前一层涂膜干不粘手为准。

3. 做保护层：防水层固化后，要立即做 2 厘米水泥砂浆找平层作为保护层，终凝后洒水养护，避免出现失水粉化现象。

五、泥瓦工施工要点之贴砖、泡水

1. 基层处理：墙地砖铺贴前，要先对基层进行凿毛处理，再把基层清洁干净，把砂浆皮、污物、尘土等清扫干净。

2. 拉线定位：铺砖前，要先拉好线定好位。放水平标志线定位，墙砖应挂垂线，地砖应拉井字线。在地面弹出与门道口成直角的基准线，将基准线平移到房间里角画出连线，在连线端点分别做垂线，确保边线为正方形。弹线应从门口开始，使进门处为整砖。并设计好非整砖的位置（非整砖应排放在家具下等次要部位或阴角处，一面墙上不能有两排非整砖）。铺砖时，要从中间往两边铺，使中间都是整砖。个别不太完美的瓷砖要贴在一些看不到的位置（洗手台、镜子等后面），但花砖、腰砖等不要贴在以上位置。

3. 相接处理：阳角处要割 45° 角。墙地砖相接处要墙砖压地砖。砖碰到管道口要采用套割的形式，这样看起来还是整块的砖。

4. 泥瓦工施工要点之泡水：墙砖铺贴前泡水时间不少于 2 小时，并在阴干后再铺贴。

5. 干铺湿铺：墙砖应采用 2∶1 水泥砂浆湿贴法工艺，不允许使用纯水泥贴墙砖。地砖应使用 1∶3 的干性水泥砂浆，采用干铺法工艺。

刘少辉在拉线垒墙

编筐编篓，
重在收口

职业：编筐　　姓名：赵华　　性别：男

年龄：八十三岁　　民族：汉族　　学历：无

采访地点：北京市怀柔区桥梓镇新王峪村三十九号

采访时间：二〇二二年八月六日

赵华是我租住新王峪村的西院邻居。我时常听见有拉二胡的声音传过来，那就是他拉的。

赵华的父亲叫赵宗奎，他父亲的哥哥叫赵宗玉，是新王峪村现在的党支部书记赵永涛的爷爷。

赵宗奎出身贫寒，就连拜师学手艺的钱也没有，因此一直在地里干农活儿。1947 年参军，在平津战役中担任侦察排长，立下战功。1953 年转业回到家乡，担任大队的书记，一直干到 20 世纪 80 年代，是名副其实的老书记。赵宗奎在村里留下不错的口碑，他生前用自家的粮食救济村里赤贫的村民的故事，一直被村民传颂。

赵宗奎参军前生了 3 个孩子，退伍回来又生了 3 个孩子，一共有三个儿子、三个闺女，赵华是老大，由于父亲常年在外，顾不上照顾家庭，加上家境贫穷，身为老大的赵华从小没有上过学。

赵华很小就背着筐，上山砍柴。再大点儿，就上山放羊。后来，就开始下地干农活儿。

赵华虽然没有文化，但心灵手巧。13 岁时，他开始自学二胡，虽然不识谱，但也能按曲调拉出来。那略带凄苦的琴声，安抚了他早年贫穷

赵华老当益壮，在编筐底

和孤单的生活。那些时光没有什么可歌可泣的记忆，倒是十几个熟悉的二胡曲目给他留下深刻的记忆。直到今天，赵华仍可以随手就拉。

1955 年，16 岁的赵华参加了村里的宣传队，开始登台演出，在村里的戏台"独奏"或伴奏。他还记得当时村里还有几个拉二胡的人叫马月泉、朱富章、赵永贞。如今，村里只有他一个人还在拉二胡。1966 年，破"四旧"，不让演戏，他才告别了舞台。

一双巧手不能闲着，赵华拜村里的朱彩瑞为师，学习编筐。

1967 年，赵华娶了本村的朱玉荣。妻子后来在村里毛衣厂干活儿，她编的是毛线。赵华属于内秀型，外表憨厚，朱玉荣是心直口快的人，可以主持家务。日常中，赵华的许多话，都被媳妇代表说出了。

1968 年，大队组织编筐合作社，有六七个人，在一起编筐，一天每人要编 4 个，挣 2 分工分，几毛钱。大队负责运到庙城出售，新王峪村编筐手艺远近闻名。

当时，他们到丰宁采购荆条，因为那里的荆条质量高，采集成本低。村里的柳条还可以，用于编小篮子。编筐造型主要有粪箕子、菜篮子、背筐、背篓、挎篮等。直到 20 世纪 70 年代，合作社才解散，大家各回各家。自己编筐自己使，偶尔帮乡亲编一个，也不挣钱。

改革开放后，许多人告别了编筐，一个是有了机编，还有就是有了塑料等工艺的筐，便宜、实用。编筐费力，卖不出高价。现在村民家里存着的筐，一般要有 40 年了。赵华妻子拿出一个筐，筐底烂了，她用塑料布缝好了，筐把用布条缠着。

赵华在村里干了 3 年队长，包工修路，日子过得一直不错。

1999 年，赵华盖了新房子，现在又把前院出租了。他的两个儿子都住在怀柔县城，一个开公交车，一个搞建筑队。

前几天，赵华的妻子朱玉荣因病住进了北京市里的安贞医院，因疫情，赵华也照顾不上，老人倒是比较乐观。朱玉荣出院后，当教师的儿媳妇回家给婆婆做饭，朱玉荣说，医院的饭太难吃了，我说，病号饭都有针对性，可能不对口味。

消瘦的朱玉荣，依然笑容满面。我想起春天时，见她在路边砍着废弃砖头上的水泥疙瘩，我问她，现在买新砖也没有多少钱，为什么费这么大力干这个？她说，待着也是待着，就是消磨时间。我明白了，劳动才是最健康的。

附：荆条筐编制流程

第一步：选条子

割条子讲究节气，一般霜降前后、二年生的荆条最好。选直溜的，少枝节的。镰刀是割条子的最佳工具，割的时候，一手抓着荆条，一手拿着镰刀，顺着荆条的底部快速用力地割，这样割下的切口光滑平整。割下之后，需要把整根上的分支去掉。

第二步：熏条或泡条

深秋时分刚割下的荆条现编筐则须熏条，即烤炙，在烤炙时火候的控制极其重要，过之较脆易断。被熏过的条子柔韧性提高，不容易折断，可以扭曲弯折成想要的样子。放干的荆条则须在水里浸泡七八天，以使荆条柔软。

第三步：打底扭花，编箩筐

先把荆条按长短分开，然后，用比较长的荆条打底，就是编织筐底。编荆条筐和织布差不多，有"经线"和"纬线"。先准备三大根"经线"，一根经线大约有 6 根荆条，3 根正放，3 根倒放，然后将 3 大根经线交叉呈"米"字形，脚踩"米"字形中心，先选 3 根荆条作"纬线"，将一端压在"经线"一个地方，开始编织，然后，继续用 3 根"纬线"编织一圈。然后，随着筐的直径增大，在 6 大根"经线"的基础上，再增加几根"经线"，继续用一根"纬线"编织，直到将筐底编织好。

第四步：收起

编好筐底后，将所有的荆条用小绳绑在一起。将 18 根"经线"折成大约 90°，然后将"经线"的上端用绳子系在一起，用一根"纬线"继续编织，而且将两边的提手木也当作一根"经线"编织进去，这样一直编到需要的高度，然后编织筐的边沿。

第五步：横编，收延

插条横向编织，等编到理想的高度，开始收边，收延分外编辫和内编辫。就是将剩余的"经线"一个压一个编织筐的边沿,直压到最后一根"经线",然后将"经线"插进最初一根经线的缝隙里。

第六步:拧细

就是做筐篮的手把,一般分单耳把、双耳把和丁字把。

最后编完后要放在阴凉通风的地方进行阴干,这大致需要一周的时间。

如果单独制作筐的提手,一般选择韧性大比较嫩的杂木,比如洋槐木、柏木、杨木等。荆条筐的提手直径大约两三厘米,长短根据筐的大小而定。这些木头弄回来后,要弯成一个多半圆形的提手,为了容易折弯,要先把木料放在柴火里熏烤,熏烤的作用,一是为了去皮,二是为了折弯时更柔软。熏好后,把木头折弯呈半圆形,然后用绳子把两端系住,放在阴凉处,等彻底凉了后,折弯的木料就不会再伸展。

家里留传的老篮子

厨师

火候就是时间的味道

职业：厨师　　姓名：赵永文　　性别：男

年龄：四十九岁　　民族：汉族　　学历：初中

采访地点：北京市怀柔区桥梓镇新王峪村山上山下农家乐

采访时间：二〇二二年七月二十九日

新王峪村口外的山上山下农家乐是村里唯一的饭馆。烤鱼是这里的特色菜，而且鱼是水库鱼。我看见负责烤鱼的师傅，并没有穿着厨子的衣服，原来他是饭店的老板。他不仅烤鱼，也烤串，有时还掌勺，甚至负责上菜。看他气质，尽管个子不高，但还是有点儿出人头地，也有一点城里人的矜持。

赵永文能够说出村子里一些老地名，如"下坟上""台上"，他平时比较关注村子历史，家族也是老住民。

赵永文的父亲赵来，从小过继给了二叔。他是村里的厨师，村子里红白喜事的宴席全靠他操持。茶坞修公路，他在工地负责做饭，因手艺不错，被留在茶坞公社做饭。那时，茶坞是镇中心，后来改名为桥梓。但由于工分少，又离家远，赵来便回到新王峪，在大队毛衣厂食堂做饭。赵永文的母亲卢亚香擅长做豆腐，受到村民交口称赞。看来，赵永文做厨师，还是有家传的。

赵永文在村子上到小学三年级，后在沙峪口读完小学。四年级那年，为班里的邻居马松伸张正义，他差点儿用剪刀将同学扎成重伤。从此，再没有人敢欺负他了。就是现在，我有时也看出他潜藏内心的暴脾气。

赵永文在农家乐
饭店门前

1990年赵永文在茶坞初中毕业，回家务农。

由于修铁路，新王峪村有大量农转非，年龄大的去了钢绳厂，年轻的去了首钢。赵永文去的首钢，单位就在六里桥附近，这使他得以穿梭于都市的商业大潮中，并受其浸染。

1994年，赵永文认识了怀柔王化镇的徐雪芹，王化镇有酒厂、水泥构件厂等乡办企业，经济还算发达。徐雪芹比他个子还高一点儿，比他大两岁，家庭条件也比他好。当时她在怀柔43缝纫厂工作，后在县城第一招待所当服务员。女方家长不放心，骑着自行车来新王峪村打听赵永文的情况。2000年，他们终于结婚。

1998年，赵永文回到家乡，承包采石场，办了村里第一个开采执照。村里的山石质复杂，村南为灰岩丘陵，村东为白云岩丘陵，村北为海拔85米的花岗岩低山。采石场出产路基石料和建材石料，这是赵永文的第一桶金。但那时，为父亲治病，他也落得一大笔饥荒。

不久，政府为了环保，停办采石场，赵永文提前结束了承包合同。但赵永文已然在经营中得到历练，成熟了许多。

赵永文是村子里第一个有私家车的人。那时村子里谁家两口子吵架，

农村大锅灶炊烟袅袅

媳妇回娘家，都是借他的车去女方家接媳妇回村，很有面子。

2006年，赵永文开办了农家乐山上山下。起这个名字，是为迎合上山下乡那一代知青，因为老知青都喜欢回乡怀旧，还有就是那代人现在大多是成功人士，是主要消费群体。

为建农家乐，他在这里安装了变压器，挖了水井，建了养鱼池、养鸡场和菜园子，并盖了二层楼，请书法家陈鹏题写了名字牌匾。

赵永文依靠家传的厨艺及自己研发的特色烧烤，加上妻子在招待所当服务员经验，把饭店办得有声有色，每天停车场都停满了车辆。

赵永文自己研发菜品，通过大众口味的实践，保障真材实料，保障绿色食品。他的特色烧烤，除了研制的独特配料，提前研制肉料外，还有水库鱼的独特味道。因为水库水面大，水深流动大，水库鱼成长健康，并属于野生，与鱼塘养殖有巨大差别。为保障活鱼，他还按鱼的存活率、季节变化相应进货花鲢鱼或鲟鱼的不同品种。他不用煤气和电烤，用的是果木炭，为了环保，花费万元引进净化器，没有烟尘。

虽然引进现代化灶眼，但锅还是铁锅。他认为厨艺理论再好，也比不上实际操练的经验。

赵永文严把厨师关，固定口味。他主要负责进肉、烧烤，妻子和一名服务员负责进菜、上菜、收账。看他们亲力亲为的忙碌，我问为何不请几位服务员或烧烤师傅。赵永文说，一是老顾客习惯了我烧烤的口味，换个人烤，一下就会发现味道不一样。还有就是把省下来的服务员费用，用在加大菜量和菜品上，多让顾客得到实惠。

赵永文深知手工的道理，他说，手艺的丧失全是追求速度的结果。比如过去手工剪枝，一天可以剪两棵树，现在电动剪枝，一天可以剪20棵树。虽然干得快，但干得多了，挣钱并不多。效率高、节奏快，省下时间还要干点儿别的，躺下来也受不了，闲得难受。

赵永文的儿子在北工大分校上大二，平日也帮不上农家乐的忙，倒是村里的朋友见客人太多，主动过来帮着上菜。作为村里有名的成功人士，谈起未来，赵永文说想转向开发露营营地，也想停下来，照顾劳累的媳妇。

附：炒菜技巧流程

炒菜，中国菜的常用制作方法，将一种或几种菜在特制的凹型锅内，以火传导到铁锅中的热度为载体，加入油、佐料和菜品后用特制工具"锅铲"翻动将菜炒熟的烹饪过程。

一、普通炒菜类

一般在炒素菜的时候就比较简单，先将菜品切好备用，一般都先将葱末姜末爆香，再放入最硬的食材，快火爆炒1～2分钟，再放入清脆、质地软比较好熟的蔬菜，最后加入调味品，临出锅或放少许香醋或淋少量香油，或撒上一小撮香葱末，目的都是让菜有更香。

像尖椒土豆丝，是特别简单又好吃的一道下饭素菜，花椒底油爆香后先放入辣椒段，这样做的目的是激发出香味以渗入食材里。接着放入土豆丝大火快炒，大约一分半钟，放入少许生抽和香醋，再加入尖椒丝，最后根据个人口味放入糖和盐，大概20秒就可以出锅。素菜时间短，一般都要大火快炒，这样才不影响蔬菜清脆的口感，也能避免营养成分流失。

二、肉类家常菜

肉是我们生活中必不可少的，而且肉类炒起来也是非常美味。但是对于肉类的家常菜，炒菜时要选择的是中火炒，葱末姜末爆香，再放入肉类翻炒到变色，这里一般都需要加入1大勺的料酒，有时候会放入米酒或者白酒。加入料酒、米酒或者白酒的目的是最大程度去除肉类的腥味。剩下的就按照炒素菜的方式放入其他食材，最后进行调味就可以了。

调味料的用途，无非就是增香、增味和增色。但是需要注意的是，日常炒菜中，放了生抽就不要再放老抽了，盐也要酌情放。吃得过油或过咸都不利于身体健康。老抽一般放少许就特别上色，味道也比较咸。而生抽相对颜色浅，咸度也少一些。所以调味料不要重复放，避免菜品做得过咸，失去美味。

三、炒菜技巧

1. 青菜怎么炒好吃又好看

炒青菜时，不宜加冷水，冷水会使青菜变老不好吃，而加开水炒出来的青菜又鲜又嫩。炒的时间不宜过长。

2. 怎样炒藕片不发黑

炒藕片时，一边炒一边加些清水，能防止藕片变黑。

3. 怎样炒茄子不发黑

茄子切开后要立即下锅或者放入水中，不然茄子会被氧化成黑色。炒茄子时适量放些醋，炒出来的茄子颜色不会发黑。

4. 炒鸡蛋多做这一步，怎么炒都不会老

炒鸡蛋时，一颗鸡蛋加一汤匙温水搅匀，就不会炒老，而且炒出的蛋量多，松软可口！

5. 为什么炖骨头汤不宜中途添加冷水

熬骨头汤时，中途切勿加冷水，以免汤的温度突然下降导致蛋白质和脂肪迅速凝固，影响营养和味道，最好一次加满水或者中途加适量开水。

6. 炖肉冷水下锅还是热水下锅

煮肉时，如果想使汤味鲜美，应该把肉放进冷水中慢慢煮；如果想使肉味鲜美，则应该把肉放在热水中煮。

7. 烧菜时，加点醋，会更香

烧荤菜时，在加了酒后，再加点醋，菜就变得香喷喷的；烧素菜时，适当加点儿醋，味道好营养也好，因为醋对维生素有保护作用。

8. 炒牛肉怎么腌制才鲜嫩

炒牛肉片前，用啤酒将面粉调稀，淋在牛肉片上，拌匀腌30分钟，让啤酒中的酶使蛋白质分解，以增加牛肉的鲜嫩度。

9. 炒豆芽爽脆鲜嫩的小窍门

豆芽鲜嫩，炒时速度要快。在炒时放一点儿醋，则能除豆芽的涩味，还能保持其爽脆鲜嫩。

10. 炒花生米怎么炒才脆香

用冷锅冷油炒花生米，花生米酥脆且不变色、不脱衣。

各种手工编制的
老笊篱

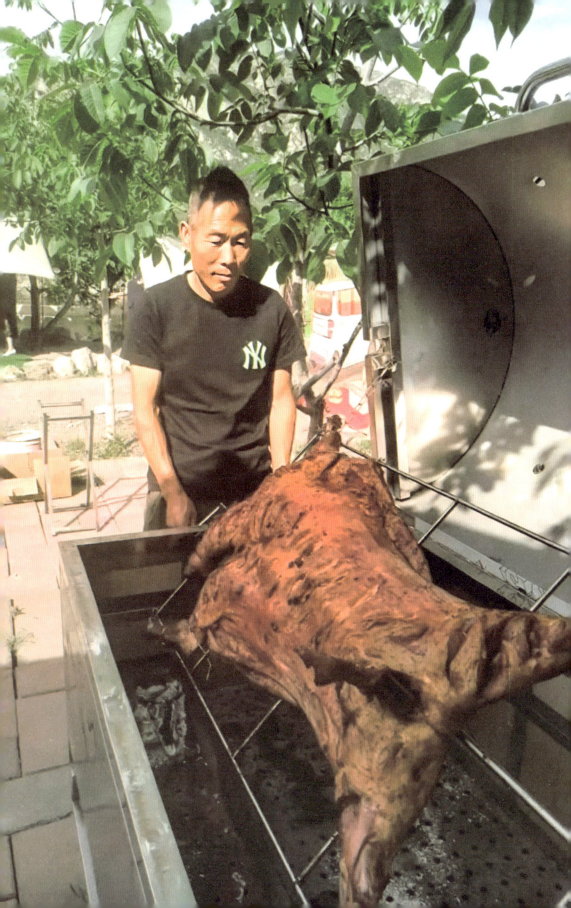

烤肉

人生的火候

职业：烤肉　　姓名：杨山　　性别：男

年龄：五十四岁　　民族：汉族　　学历：高中

采访地点：北京市怀柔区桥梓镇上王峪村十七号

采访时间：二〇二三年四月十五日

在人生的旅途中，有时候遇见的一个人，可能会改变我们的一生。对于杨山这个来自四川山沟里的人来说，他做梦也不会想到会遇见大名鼎鼎的李景汉，从此，他开始浪迹在北京的艺术圈里，并成为一位人物。

杨山本名叫杨香松，1969 年出生在四川省南充市西充县双江乡马龙村，这是一个小小的穷山村，丘陵起伏，谷地被雍江、临江两河环绕，当年川军曾在此经过。

一家人以种水稻为生，也靠养猪为济。杨山的父亲久病成疾，干不了重活儿。母亲生育了四个儿子，杨山是老三，因此许多人管他叫"杨三"。

杨山在乡里上到高二，便和二哥一起到新疆库尔勒打工挣钱，主要是搞建筑装修。挣了钱在库尔勒开了家酒吧，杨山在当地也有了名声。

酒吧里人来人往，难免接触各种人。杨山的个性又不免招惹一些是非，引来不少麻烦。

历经蹉跎，杨山痛改前非。他认识到踏踏实实做事，安安生生挣钱最有用。他利用回家的机会，就入了党，有点儿重新做人的感觉。

在新疆的时候，杨山向维族兄弟学会了烤羊肉串、羊排，以至烤全羊，新疆烤肉特色主要是一个是火候，一个是腌制。

1994 年，杨山酒吧忙的时候，有一位当地棉纺厂的女工罗春琼来帮忙，她是来自遂宁的老乡。1997 年，他们登记结婚。

杨山的大哥在家乡承包鱼塘，从事甲鱼生态养殖，二哥还在新疆打工，老四在湖南当包工头。只有杨山发展得最好，1997 年他来到北京发展。

杨山通过遂宁驻京办事处，加入了一家建筑公司，并承包了建筑一队，担任队长。在望京盖楼，一下挣了 10 多万元。

此后，杨山开始专门承包别墅建筑装修，做学设计、管理。不会画图，就做模型，成为样板房。装修别墅活计比较上档次，而且打交道的客户也上档次。

凭杨山的记忆，那几年他先后给崔健、姜文、杨丽萍、艾轩等人家装过。有时主人提出要以画作抵装修费，他当时不懂画作价值，还拒绝人家，现在算起来，要值得多。

1997 年，通过朋友介绍，李景汉找到杨山，让他负责自己在怀柔别墅的装修。

李景汉，1961 年出生于美国华盛顿一个移民家庭。他的先祖是满清大贵族傅恒，做过司徒雷登的秘书。李景汉从小受到极好的艺术熏陶和教育，1983 年毕业于弗吉尼亚大学政治与外交专业，取得了乔治城大学法学硕士和博士学位，就职于纽约一家律师事务所。90 年代，李景汉来到北京，任北京金杜律师事务所主席，成为资深的私生活设计者，著名的四合苑餐厅主人，入选 2004 年中国十大精英男士评选候选人。

1997 年，李景汉看中了怀柔上王峪村沙峪口水库岸边一块宅基地，他一下租了五十年。为此，他多次为村里扶贫，并修了一英里的村路，成了村里的"荣誉村民"。

李景汉的别墅非常有名，光设计费就 40 万元。为了最大限度地观赏到树林和湖景，他还建了一间带落地窗的悬臂式房间。

杨山不仅为李景汉打工，干粗活儿，而且为李景汉出谋划策，深得其另眼相看，甚至还听从了他的一些建议，改变了设计方案，不仅取得了满意的效果，还节省了费用。

而且，李景汉还把部分管理的工作交给了他。工程结束，李景汉有意将其留下，做自己的管家。杨山主动告诉他了一些自己过往的缺失，

杨山家里挂着各
种名人字画

李景汉对他的"主动交代"很惊讶，为此亲自到四川杨山老家调查了一番，回来后更加确认了对杨山的使用。面对杨山的忠诚，李景汉把他当成了的"家里人"。

李景汉为此，将自己别墅边上租赁的一块宅基地免费赠送给了杨山，杨山在那里盖了一栋几百平方米的工作室。杨山从此在上王峪村安家落户，专职负责李景汉的家政。杨山有了稳定的收入，也成为上王峪村第一个有汽车的人。

杨山跟随李景汉不仅学会吃西餐，学待人接物，学艺术鉴赏，还和李景汉学做人，朴素、单纯、友善。

近年来，杨山为家乡操办慈善活动，扶持乡村振兴，2008年四川地震时，他也为家乡捐款捐物。他也是上王峪的老住户和名人，他积极参加村里的红白喜事，过年为村民送米送油，还帮助村里人家解决纠纷。

在李景汉带动下，杨山一路往高层次奔。他利用接触许多名家的机会，收得许多画作，我在他家里看见挂有李景汉母亲的画作，还有韩美林、艾轩等人的画作。

杨山按新疆传统
腌制肉片

其实，有了这些画收藏，杨山完全可以躺平赋闲了，但杨山还像一

个普通的农民一样，低调朴素。在空闲时间，他还干点村里的装修，为村民和露营的游客烤全羊、烤肉。

我看见他大大小小有四套烤肉的炉子，他说干什么吆喝什么，工具要跟得上，要专业。我问他北京烤肉和新疆烤肉有什么区别？他说，新疆是明火，北京是炭火或电火，肉料也不同。主要是腌制的配方，我是独特的。还有就是要有耐心，不怕累。

杨山的两个孩子小时都是李景汉出资上的私立幼儿园。女儿是河北大学的研究生，现在中科院工作，儿子在衡水中学上学。

2019 年，杨山开始给木木美术馆创始人，政、商、文三界传人林翰及著名网红晚晚（雷宛萤）做家政。著名美术评论家、太和艺术空间创始人、策展人贾廷峰租住了杨山的工作室，杨山租住了上王峪村村民王勤的一楼。

看来，杨山此生和艺术名人不能分离了。

各种烤炉各有功能

附：烤全羊工艺流程

一、绑羊

将羊宰杀治净，擦干表面水分，用细铁丝固定在支撑架上，这个支撑架主要起到延展和固定的作用，会跟随全羊一同上桌。然后将此支撑架固定在带有转轴的烤架上，以便能"卡"放在两端装有转动装置的烤炉上，使全羊在烤制过程中能够不断转动、均匀受热。一般而言，转速设定为每分钟 15 圈左右即可。

二、预热

将绑好的全羊摆在靠近炉底的第一档，加热约 5 分钟，使全羊表皮微微结出一层淡金黄色的薄壳。

三、烤制

将全羊抬升到火力最强的第二档，此时需耐心观察，当其表皮发干时，就要刷一层菜籽油，频率约为 15 分钟一次，如此烤制约 2 小时后，待羊肉接近熟透且呈现均匀的金黄色时，就需要改刷红油，间隔时间仍为 15 分钟左右，继续烤制半小时后，金黄的颜色就会变成诱人的枣红色。

四、起脆入味

将全羊取下，摆到料台上，用小刀将肉厚的部位划开，要深至主骨，然后将事先调好的味水均匀地刷在正反两面，再将其摆回烤炉，架在火力适中的第三挡上，继续烤 15 分钟。

五、上桌

上桌前将全羊取下，刷一层红油，再撒上一层料粉，将羊放回第三档，继续加热 5 分钟使调料充分融化即可上桌。上一步淋入的味水已经初步给羊肉入了底味，上桌前再撒上这层掺有盐、味精的料粉，入味已经十分充足，上桌后即便不蘸味碟，滋味也恰到好处。

味水调制：

10 斤黄酒加入 4 斤全蛋液，调入盐 800 克、味精、鸡精各 350 克，放入葱花、香菜碎各 200 克充分搅拌均匀即可。

料粉制作：

辣椒面 8 斤、花椒面 1 斤、熟花生面、熟黄豆粉各 250 克、香料粉 250 克（取孜然 2000 克、山奈、白豆蔻各 250 克、八角、草果各 150 克、香叶 100 克混合均匀后入料理机打成粉即可）、鸡精、盐、味精各 400 克搅拌均匀。

杨山在准备接待客人

葡萄美酒
夜光杯

职业：酿酒　　姓名：施凤芝　　性别：女

年龄：五十七岁　　民族：汉族　　学历：初中

采访地点：北京市怀柔区桥梓镇上王峪村东坡树园子

采访时间：二〇二二年七月三十日

　　施凤芝是顺义北石槽乡西赵各庄村人。据传元朝末年，为躲避战乱，赵姓祖先携带家眷到此，开荒耕田，建房安家。明代初年，施家、周家、齐家、余家从山西洪洞大槐树移民来此，村子规模扩大。

　　西赵各庄村在燕山山脉脚下，京密引水渠畔，自然资源优越，环境优美、土地肥沃、水源充沛、气候宜人。西赵各庄村以种杏闻名。清朝乾隆年间，乾隆皇帝微服私访路经此地，闻香寻杏，来到了西赵各庄村，采摘鲜杏，品尝之后，口舌生津，缓解了路途中的饥渴。乾隆龙颜大悦，他说，西赵各庄的香白杏纯粹是"铁吧嗒"（蒙语，最好的意思），赐封西赵各庄杏林为"铁吧嗒御杏园"，所产鲜杏专供皇室享用。道光年间，该村满族人王姓人家出了一个贡生叫王冠英，任杏园园头，为纪念乾隆赐封"铁吧嗒御杏园"，曾立碑亲自撰写碑文，以昭示后人，现在碑文还在。从这点说，施凤芝擅长制作葡萄酒，还是有渊源的。

　　施凤芝的外祖母家是邻村下西市村家的大地主，该村有"南边粮仓、北边银行（柿子）"之说。当年她母亲嫁给当地一位有钱人家，她母亲是小脚，还比男人大好几岁。据说那男人有文化，追求自由婚姻。结婚当天，男人出逃，后来出国留学，再没回来。她母亲只好回了娘家，由

于有过婚史，只好改嫁给西赵各庄村的一户贫农家庭，施凤芝的父亲是个木匠。

施凤芝是家中老小，上面有两个哥哥、三个姐姐，其中一个哥哥一个姐姐进北京城当了工人。施凤芝初中毕业后在家务农，后在北石槽印刷厂和毛织厂干了12年。

1988年，施凤芝嫁到上王峪村，与王刚廷结婚。现在，夫妻俩在村子东坡的树园子，过着世外桃源一般的日子。

说起这个树园子，原来此处是荒地，到处是沟壑、石块、砂石。许多村民不明白他们为何租这块地，都准备看他们笑话。有的以为他们是为挖沙子卖钱，但谁也没想到他们家通过两代人的努力，平整了山地，改变了土壤，修了水池，引来了山泉水，王刚廷还在这里盖了房子，整天住在这里。如今，这里绿树成荫，菜地成片，庄稼地毗邻，池水荡漾，鸡鸣鹅叫，让人羡慕嫉妒恨。

两口子追求原生态，喜欢喝红酒。一开始自己买葡萄，自己酿制。后来引进专门酿制红葡萄酒的赤霞珠品牌小粒葡萄，在园子里栽种，葡萄"架成行"，每到成熟季节，硕果累累，引来众多喜鹊光顾。

施凤芝的老伴儿
在倒窖

　　赤霞珠是一种用于酿造葡萄酒的红葡萄品种，原产自法国波尔多地区，生长容易，适合多种不同气候，在中国各地已普遍种植。这个品种适宜在炎热的砂砾土质中生长，因为果粒小但皮比较厚，所以成熟的时间比较晚，也不太会有秋天采摘前雨水较多导致的果粒腐烂的问题。同时因为春天发芽比较晚，春寒霜冻也很难影响到它的生长。如此好的种植性和产量的稳定性，也是它在全世界范围内广受欢迎的一大原因。

　　赤霞珠颜色深，有黑醋栗、黑樱桃味道，果味丰富、高单宁、高酸度、陈年长有烟熏、香草、咖啡的香气，具有藏酿之质。赤霞珠发酵过程需要较高的温度，高温会使它散发出更浓郁的香气和拥有更醇厚的颜色。

　　用赤霞珠酿出的红酒口感浓郁，而且常常因为丹宁丰富而有些涩感，所以很合适搭配口味浓重、特别是有些油腻的菜肴，比如烤牛排、红烧肉、红焖羊肉等。

　　尽管酿造葡萄酒的初衷是满足自家饮用，健身养生，但随着产量的提高和美誉度的传播，有来园子的客人也会买上几瓶，一般一百来块钱一瓶，园子也成了名副其实的酒庄。而且，施凤芝也用杏制醋及杏酱。

　　王刚廷并不避讳自己有当大地主、庄园主的欲望，他那位于山坳的园子里，如同一尊巨大的酒缸，那绿色的葡萄架散发着醉人的芳香。

施凤芝在腌制葡萄

附：葡萄酒制作方法

一、选材备料

秋天正是葡萄收获的季节，首先选择品相好的新鲜葡萄作为原材，良好的葡萄原材料能够确保酿酒的质量，同时我们可以在超市购置白冰糖适量，用于调和葡萄酒的口感。葡萄可以找商贩购买，也可以到葡萄园选购。

二、选购制作容器

工欲善其事必先利其器，所以我们要购买合适的容器，提高酿酒成功率，现在随着大家对自酿葡萄酒的需求加大，网上和市场上都有专门制作葡萄酒的器皿，根据需要选择容量，一般选 20 升、30 升的，我们购买回来后要清洗晾干。

三、材料处理

因为新采摘的葡萄一般都残留有农药、虫卵或者灰尘，所以需要把葡萄进行清洗和筛选，筛选出圆润好看的，然后整串用清水轻柔冲洗，再进行晾晒，可以配合风扇轻吹，晾干即可。

四、封装发酵

一切准备就绪，就是制作的时候了，把晾晒好的葡萄装入玻璃器皿，用手抓烂利于发酵，之后可以压实一点儿，然后放入适量的冰糖进行调味，榨汁，培养酒糟。装入总量不要超出容器的三分之二，否则发酵后容易满溢。最后把盖子盖上，盖子上有专门的透气盖，加入少量水封口，等待发酵即可，切记不要强光长时间照射。

至此，自制葡萄酒工序基本完成，大约 40 天就可以过滤出葡萄酒了，澄清装瓶。过滤后的葡萄还可以继续发酵，待下次再滤出葡萄酒。

剪出 一片天地

职业：裁缝　　姓名：刘荣兰　　性别：女

年龄：五十七岁　　民族：汉族　　学历：初中

采访地点：北京市怀柔区桥梓镇上王峪村九十七号

采访时间：二〇二二年八月二十日

似乎有的人天生的命就是要走出农村生活的，刘荣兰就是这样的人，从她的衣着、气质、说话的矜持、办事的干练、家具的陈设等方面，都可以佐证她与村民的某种距离感。

刘荣兰是桥梓镇凯甲庄村人，初中毕业后，几乎一天地没下，就到镇上的编织厂干活儿。

1990年，刘荣兰经人介绍，和上王峪村的王生结婚，但他们并没有住在村里，而是住在怀北镇的铁路宿舍小区。王生是村里的木匠，因铁路占地，他成为农转非，在铁路局系统里做木工、修理工，工作不错，还分得了宿舍。刘荣兰在附近的雁栖湖景区做保洁，日子过得还不错。1992年，他们的女儿出生。

1994年，刘荣兰到怀柔县城的培训学校裁剪班学习，一年半后，学业有成。

1996年，刘荣兰自主创业。她购买了一台缝纫机，在家附近的街上租了一间7平方米的门面房，开了家裁缝铺。那时，孩子还小，被送进附近的幼儿园。

说起这段经历，刘荣兰总觉得对不住孩子。那时，从进料到剪裁、从锁边到熨烫、从销售到送货，全是她一人完成，为了不耽误工期，有时要到北京进料，半夜2点坐木樨园到丰宁的班车赶回怀柔，孩子没人看，就随身带着，让孩子攥着绑在手推车上的绳子，一路跟着走，以防走失。

那时主要是靠着铁路系统及周边酒店等单位的大宗工服制作，挣了一些钱。

2002年，他们退还了铁路宿舍，花钱在怀柔买了商品房，1700元／平方米。

2004年，老公公患病住院，作为光荣的退伍军人，但住在到处都是拥挤的病人的简陋的医院里，这一场景对刘荣兰刺激很大。这时，有做保险营销员的朋友鼓励她入行，于是，她做起了中国人寿的营销员。

刘荣兰说，过去自己做裁缝时，是等着别人送钱来，做了营销员，是满大街追着别人要钱。尽管如此，她也没有从亲戚朋友及身边人开始做业务，而是坚持陌生拜访，上街宣传，通过客户之间相互介绍，业务终于有了长进。很快，她就成为营销团队的主管。

2019年，刘荣兰和丈夫在上王峪村盖了三层楼的新房，这应该是村里最漂亮的房子，房子装修简洁大气，摆着成套的硬木家具。从院里可以看见绿色的山岗，山影直接倾泻在院墙下。

如今，刘荣兰已经进入了休息状态，她的丈夫现在在丰台火车站借调，一个星期上四天班，依然干维修的工作。女儿从北京建筑工业学院毕业，在大众汽车总部工作了两年后考上了德国柏林工业大学计量专业，满足了她自小对德国严谨风格的膜拜心愿。出国留学，在小小的山村可是一件轰动的事。

我问刘荣兰，为何不在村里开个门脸，继续做裁缝了？她说，现在街上一条裤子才卖几十元，但我手工做裤子，怎么也要 60 多元工钱，怎么卖得出去？过去换个拉链要 3 元钱，还能赚一毛钱，现在手工换拉链就要 10 元钱，快可以买条裤子了。

刘荣兰新居的阁楼里，摆着一件老式缝纫机，阳光从天窗照射下来，缝纫机上的飞人商标图案已经斑驳。

附：缝制工艺流程

裁缝流派有很多种，其中红帮裁缝技艺基本流程包括量体、选料、定款、划样、裁剪、缝纫、扎壳、试穿、修改、缝制、整烫、锁眼、钉扣、成衣等环节，工序达 130 余道。核心技艺和内涵体现在：四个功——刀功、手功、机功、烫功，以裁剪原理为内核的"刀功"和以针法为代表的"手功"最复杂，以推、归、拔为特色的"烫功"最见成效；九个势——胁势、胖势、窝势、凹势、翘势、剩势、圆势、弯势、戤势，是红帮裁缝总结的九种人体不同部位的造型特点；十六字诀——平、服、顺、直、圆、登、挺、满、薄、松、匀、软、活、轻、窝、戤，体现成衣效果的标准，对应"九个势"。

以下为制作旗袍为例。

一、锁边

将旗袍小肩线、侧缝线、底襟止口线、袖底缝用同类色线锁边。提示：此工艺用于没有里子的旗袍或容易散口的面料。

刘荣兰的老缝纫机

二、打线钉

打线钉的部位有前、后片省位，臀围线，腰节，开襟止点，腋下省，绱领点，后领中缝，袖山顶点，袖肘省等。提示：注意打线钉时上下两片衣料要完全吻合。

三、缉省缝、扣烫

1. 按照打好的线钉缉省缝，缉缝省尖位延长 0.8 厘米，不缝回针，留 10 厘米线头，手工打结。

2. 省缝熨烫有两种方法：一是省道向中心线方向扣倒熨烫；二是将省道分开向两边熨烫。腰省中间拔开，使省缝平服，不起吊。提示：不能喷水的面料进行干烫，前片腋下省向上烫倒或分烫。

四、归拔前、后衣片

1. 归拔前衣片。对于腹部突出的体型，需在腹部区域拔出一定的弧度，注意操作时需在胸部垫一块垫布。

2. 归拔后衣片。拔开侧缝及中心线的腰部区域，并配合体型的要求拔出背部曲线。整体归拔处理时，在后背相关部位用大头针固定后，通过腰臀部位的归拔使衣片符合人体的自然状态。

五、贴牵条

1. 给归拔好的前、后衣片贴牵条，使归拔好的衣片外形曲线定型。

2. 牵条的布料需要直纹，1～1.2 厘米宽，在贴牵条之前，先将牵条在转弯的位置剪若干个剪口，以便转弯；后衣片的牵条贴在左右两侧缝位上，在拉链开口侧缝贴牵条时，牵条应长于摆缝衩位 5 厘米。提示：给旗袍贴牵条时要使左右两边对称，以免旗袍两侧不一样。

六、合侧缝

将开拉链的一侧缝按前、后片正面相对缝合，留出装拉链的长度和裙衩长度，分缝熨烫。

七、缅拉链

1. 选择质量好的隐形拉链，长度要比开口的长度长 2～3 厘米。

2. 在衣片上按照做缝的印记确定拉链位置。

3. 将拉链的反面与后衣片的正面对齐，利用拉链专用压脚（隐形压脚），按净缝线从上到下车缝拉链到开口处（预留空隙 0.5 厘米）。将拉链拉合，在另一端用画粉每隔 3～4 厘米做左右平衡的标记，然后从上到下按标记车缝拉链另一端在前衣片侧缝（预留空隙 0.5 厘米）。

4. 从底端反面拉出拉链，小烫正面拉链口。

八、做底襟

将底襟止口按预留的缝份扣净，用三角针缭缝固定。

九、缝合肩缝、侧缝

1. 将前、后片正面相对，前、后分肩线对齐，按净缝线缉缝，后分肩线略有吃势，缝合后分缝熨烫。提示：在车缝时注意不要拉长肩线。

2. 缝合旗袍前、后片侧缝至开衩止点，缝合时对准前、后片对位点，侧缝分缝熨烫。

十、做里子、缅里子

1. 将里子按衣片的量缝省，合肩缝、侧缝（留出装拉链的长度和开衩的长度），熨烫。

2. 把里子用缭缝针法固定在拉链处，用平缝针法固定在门襟位。

十一、做门襟、绲边工艺

1. 将面里料门襟沿线车缝，要求在接近 BP 点上和人体胸上凹位处略有吃势。

2. 将正 45° 斜边布在衣片正面按设定的宽度车缝，翻正熨烫，在反面用缭缝针法固定滚条。提示：门襟工艺可应用绲边、绳绳、装饰等工艺设计，既可单一应用，又可综合运用，应根据领部、裙衩的工艺设计而定。

十二、做裙衩与下摆、缂里子

熨烫裙衩与下摆，固定摆缝的面、里布，将已折烫好的摆缝衩里布覆在面布摆缝衩位上，铺平衣片，各位置对准确定，然后用绗缝将面布、里布开衩位折边固定，再用缲针把面布、里布的开衩位缲牢、固定。

十三、做领子

1. 将一片无缝份的实样树脂领衬放在领面的反面黏合，然后将领面上端剪去缝份，用正 45° 斜边布在衣片正面按设定的宽度车缝，翻正熨烫。 提示：绲边翻正后不能出现起皱现象，正面要平伏。领部工艺可应用绲边、绲绳、装饰等工艺设计。

2. 扣烫领面下端缝份，将领里和领面正面相对，对齐止口边，沿着树脂领衬外口边向外 0.1 厘米的位置缉缝，头尾要回针。缉缝后把两领片的缝份修剔剩 0.5 ~ 0.7 厘米。在缉缝时，领里的两个圆角要略拉紧些。

3. 将领里、领面的正面翻向外侧，让领面比领里让出 0.1 ~ 0.2 厘米，并烫平。

十四、缂领子

1. 领子放在衣片上，领面与衣片的正面相对，将领面的领下口与双层衣片领窝对齐，缝合。 提示：缂领子时领中间的剪口位对准衣片领窝后中的剪口位，以免出现偏领现象。

2. 将领里折向衣身的里布，把领窝的止口覆盖住，在领口下角与衣身缝合的转角处不能出现止口露出的现象。然后再用缲针将领里的领下口边与衣身的领窝缲牢。提示：完成后，领面、领里要平伏。

十五、做袖子

1. 先缝袖子面布、里子的肘省，缝制方法及质量要求与缉衣身省道工艺相同。

2. 将省道缝头向上折烫，并在前、后袖缝的肘位上进行归拔，前袖缝进行拔烫，后袖缝进行归烫。

3. 收袖山（缩容袖山），袖山周长应比袖窿周长长 1 ~ 1.5 厘米，在袖山的止口内缉两道缝线（车缝线迹调大一些），可将长出的尺寸容缩，使袖山周长与袖窿周长相等。提示：也可用 45°斜边带条缩容的方法，将带条沿袖山弧度拉一圈，绲在袖山缝份内，车缝时将带条拉紧，使袖山容缩 1~1.5 厘米。

4. 将袖片的衣片、里子两侧面对面对齐，分别沿净缝线绲缝，分缝熨烫。提示：缝侧缝时袖缝在下，前袖缝在上，将后袖缝中段（肘部位）稍容缩一些，使做好的袖子弯度与胳膊弯度相符。

5. 熨烫袖缝止口，按一定的宽度折烫袖口折边。

6. 将袖口面布与袖口里布缝合，先把袖口面布套入袖口里布，两袖口对齐毛边，对准面、里两袖缝位，然后沿袖口毛边绲缝。注意前、后袖的里布应与前、后袖的面料相对应。

7. 固定里、面袖，将袖里布覆在袖面布上，对齐袖缝，里布袖口毛边与面布袖口光边对齐，然后把面布、里布两袖缝止口缝合，袖圈底下 7~8 厘米、袖口边上 7~8 厘米的位置不固定。

十六、绱袖

1. 将衣片袖山套入衣片衣身的袖窿内，袖山顶的剪口（扼位）与衣身的肩缝对齐，袖缝与衣身的摆缝对齐，然后叠齐袖山与袖窿的缝份边，沿袖窿圈绲缝。提示：绲缝时要将里布袖窿掀开。

2. 袖子面布与衣身面布缝合后，把衣身里布的袖窿与面布的袖窿止口边叠齐，对准肩缝和摆缝，然后用纳缝将袖窿里布与面布暂时固定。

3. 将袖山里布折边 1 厘米，然后用大头针把袖山里布暂时与袖窿里布固定，用手针缲缝袖山里布与衣身袖窿。

十七、后工序工艺

1. 手工制作盘扣，钉在门襟、领口等位置。

2. 在门襟、领口等位置钉子母扣，加强牢固度。

3. 手针工艺、装饰工艺。

4. 旗袍整烫工艺。

电工

做事明明白白

职业：电工　　姓名：马明　　性别：男

年龄：六十七岁　　民族：汉族　　学历：高中

采访地点：北京市怀柔区桥梓镇新王峪村四十号

采访时间：二〇二二年八月十三日

马明是我在新王峪村租住院的房东，因此平日打交道比较多。我初来乍到，隔三岔五就会找他帮忙。

马明属于新王峪村的西马家。马立泉是马明的父亲，他的弟弟叫马成泉，他还有两个姐姐。他们和我写过的养羊的马宝泉、种菜的马力的父亲马玉泉是同辈分，都是"泉"字辈。马立泉在解放战争时当过区小队的民兵，后来一直务农。

马立泉有三个儿子，分别是马汇、马河、马明，一个女儿马桂华，马明最小。马河曾过继给了一直单身的马成泉。按马明说，他两个哥哥名字都有三点水，说明他们命里缺水。其实，他们仨都能喝水。二哥马河是老高中毕业生，参军7年，退伍回来做了厨师，后来当上了大队书记。他写过村史文章，入选《怀柔百村史话》一书。他现住在我的院落东边，看上去一身正气，不减当年。

马明在村里上了6年小学，后到沙峪口读到初中三年级，在茶坞读完高中。当时村里一共有5个高中生，四男一女，是村里推荐上学的，可见当时马明的优秀。

1975年，高中毕业后，马明回到了村里。半年后，村里成立了维修点，马明成了专职修理工和电工，负责修理农机、小推车、电器等，他在高中学的物理，在农村大有用场。

1977年恢复高考，马明被茶坞中学召回，集中补习，因为他们属于毕业多年的学生，加上学校的教学重点放在在校生上，马明参加了一届高考，没有考上。

1979年，马明来到茶坞仿古瓷器厂，由于心灵手巧，加上学过物理、化学知识，他很快掌握了制作瓷器的拉坯工艺，对造型尺寸、收缩变化、力学影响、火候变化等的掌握，可以说炉火纯青。但随着出口工艺减少，工厂不景气，马明回到了村里。

1982年，马明和前茶坞的李艳侠结婚，李艳侠家的家境要好于马明家。我现在居住的房子，就是马明婚后1989年盖的老式民居，有五间正北瓦房及三间厢房。马明的房子讲究中式，从房顶上的装饰可以看出来，房梁据说是村里最粗的，是他当年走后门搞到的大兴安岭过火松木。

1984年，马明独自承包了村里的维修点，干起了老本行。我问他，为何不自己成立个维修公司？他说，一是没有资金，二是担心赔钱。

没多长时间，马明又不甘于现状了，自己买了一辆二手的手扶拖拉机，开始跑运输。

1988年，马明再次被大队召回，负责维修农机，那时有东方红推土机、铁牛55拖拉机、北京东风2.5收割机等，他有时还去外村支援维修，但工资还是太低，每月100元左右。

1992年，他与同伴一起去丰宁当麦客，打工收麦子，刨去路费、基本没挣什么钱，权当是出去玩了一趟。

回来后，马明到茶坞标牌厂工作，每月工资300元。但他看到怀柔规划局办的铝合金门窗厂工资是400多元，经过连襟介绍，马明进了铝合金门窗厂，并很快掌握了加工技术。

1997年，马明的妻妹在茶坞开了一家小卖部，马明和儿子负责进货、送货。也就是那个时候，马明学会了开车，并买了第一辆拖排车。

1998年，铝合金门窗厂被小作坊挤垮了，厂子倒闭。

此时，大队的收割机坏了，马明用1万元买了下来，他将它修好后派上用场，按每亩40元的标准收费，一个秋天便挣了1万块。但由于地少车多、收割机老化，加上油钱修理费，已经不合算，马明又将收割

马明夫妇在本书
作者家合影

机卖掉了。

2003 年以后，退耕还林，马明干上了果树嫁接。那时，几乎什么挣钱就干什么。电工、焊工、瓦工、木工等，他样样都是好手。

2009 年，马明参加了水暖安装队，其间，还干过一阵物流。

2011 年，马明在老宅基地盖了新房，当时算是村里最好的房子。

后来，马明参加了村里的建筑装修队，他的十八般武艺得以施展，手艺精细，干活儿讲究，让人挑不出毛病。他被村里人交口称赞，被送外号"小诸葛"，意思是他身上有三个臭皮匠的功夫。总有人找上门来请他干活儿，自然工钱也高。

今年，在儿子的劝说下，近 70 岁的他，离开了建筑队。但零打碎敲的还有人找他，特别是大队的一些活儿，还要找他干，看来，他与装修结下的缘分难舍难分，算是村里的能工巧匠。

马明是一个理性的人，对事物有着自己的判断，前几年戒了烟。今年，在老伴儿的压力下，戒了酒。每晚，在大队部打打乒乓球、台球，球技在村里也是数一数二。

马明的两个儿子一个搞物流，一个当老师，他们性格安稳，可以看出家教不一般。他们分别有着三部车，加上马明的小面包和"三蹦子"，他家一共有五辆车，我说，你可以当车队队长了。

附：电工施工工艺流程

一、弹线定位

弹线的具体操作方法是：用一条蘸了墨的线，两个人每人拿一端然后弹在地上或墙上。作用是用来确定水平线或垂直线，作为砌墙的参考线。家装时，根据设计图定位的要求，在墙上、楼板上进行测量，然后弹线进行定位。根据设计图的要求，在墙上确定盒箱的位置，并进行弹线定位，弹出的水平线用尺量出盒箱的准确位置，并标出尺寸。墙面路线改造时，当直线段长度超过 15 米或折弯数量超过 4 个时，必须增设底盒，以便电线可拉动更换。

二、开布线槽

在弹好线后，接下来用手提切割机开线槽。开凿要尽量规划，不规则的开凿会造成墙面大面积损伤，开凿时要经过切割工具切割。如果开凿不经过切割，直接用凿子凿打墙面，会使墙面原有的混凝土松动，甚至将脱落而不被察觉。应先割好盒箱的准确位置，再剔洞，所剔孔洞应比盒箱体稍大一些。洞剔好后，应将洞中杂物清理干净，然后用水把洞内四壁浇湿。

三、敷设电工套管

预埋暗装底盒，铺设 PVC 套管。在铺设 PVC 电工套管时，遇到拐弯的地方，需要将 PVC 套管做弯曲加工。首先用高标号水泥砂浆填入洞内，将接头和锁扣固定在盒孔壁，待水泥砂浆凝固后方可接短管入盒箱。在楼板上预埋吊钩和灯头盒时应特别注意吊扇，花灯的吊杆应设于接线盒中心，吊钩宜在拆除模板后建筑粉刷前弯曲成型。在布线套管时，同一沟槽如超过两根线管，管与管之间必须留有大于等于 1.5 厘米的缝线，以防填充水泥或石膏时产生空鼓。导线在开关和插座、箱内流线长度不应小于 15 厘米。

四、穿线施工

导线必须分色，插座线色为：红色为火线，蓝色为零线，双色线为地线。开关线色为：红色为火线，黄色为控制线。弱电、电话、电视、网线导线与强电导线严禁共槽共管，强弱电线槽间距大于等于 10 厘米。在连接处，电视必须在接线盒中用电视分配器连接。接线盒箱内导线接头需用防水、绝缘、黏性好的胶带牢固包缠。

焊接人与人之间的桥梁

职业：焊工　　姓名：马继宝　　性别：男

年龄：五十岁　　民族：汉族　　学历：小学

采访地点：北京市怀柔区桥梓镇新王峪村四十号

采访时间：二〇二二年八月二十六日

在乡村，村里一般都会有一两个有威望的人，他们大多从小就是孩子王、打架能手，有一定体力；后来在村里带头发家致富，有一定经济实力。他们掌握着一定的人脉和资源，能搞定村里的一些纠纷。新王峪的马继宝就是这样的人，远近闻名，称"宝哥"。马继宝原来是焊工，他本身就是热心肠的人，交际甚广，可以看得出，他是一个自带能量的人。

马继宝的父亲叫马相，兄弟三人，上面有个哥哥马海，下面有个弟弟马旺。马相 1947 年参军，南下参加渡江战役，20 世纪 50 年代退伍回乡，在村里当兽医，口琴吹得好，前几年过世。

马继宝的母亲叫刘素英，是顺义北石槽镇寺上村人，常年务农。马继宝姥姥当年是村里妇联骨干，为前线八路军做鞋。

马继宝是老小，上面有一个哥哥、四个姐姐。大姐已过世，大姐夫虽然再婚，但和马家依然往来，并在马继宝的建筑队担任木匠，马继宝还是称其"大姐夫"。

马继宝和几个姐姐特别好，总说是姐姐们把他背大的。他还记得大姐上班后，看见他冬天冷，花了一块五毛钱，为他买了条针织线裤。为了凑他上学的学费，三姐和四姐半夜去羊圈挖羊粪，从羊粪中捡出没消化的酸枣核，收集在一起，卖药材。

马继宝在村里的
工地干电焊

马继宝在村里上的小学一年级，在沙峪口没读完三年级就辍学了。他说，那时家里穷，每天用鸡蛋交学费。有一天，鸡没下蛋，马继宝也就开始不去上学了。

马继宝在家放羊、养蚕，在装修队当小工、采石放炮。

1985年，修铁路占地，马继宝农转非，到庙城钢绳厂工作。后因工伤不再上班，在怀柔卖了两个月的菜。

1991年，经叔叔马谊介绍，马继宝到怀柔大中富乐村砖厂工作，开始学习电焊。

在上下班路上，马继宝经常与在怀柔43缝纫服装厂上班的平义分村的张淑菊相遇，两人相识。1994年，两人结婚，在怀柔租房居住。尽管张淑菊比马继宝大4岁，但马继宝在家里还是有说一不二的霸气。同时，马继宝少年的苦难生活经历，可以在张淑菊那里得以安抚和慰藉。可以说，他们是我在王峪村采访中的中年人里第一对自己谈恋爱结婚的人。

后经叔叔马滢介绍，马继宝到怀柔热力公司当了4年多的焊工。在这段时间，他的焊工技艺有了长足的进步，出类拔萃。

在热力公司的工资是每月600元，他有时会到外面干私活儿。有一次，他为一单位带水焊锅炉，这是高难度焊接，事先被许多专家拒绝。马继

马继宝夫妇在本书作者家

宝大胆应接下来，他采用手工电弧焊方法，由于焊接速度较快，焊件应力和变形通过工艺调整达到控制。他一边焊接，一边用榔头快速敲打砸击，终于完美完成了任务。一下子感动了对方，三天挣了800多块，这是他的第一桶金。

马继宝说，他不仅可以带水，还可以带压、带气焊接，直到现在，手艺不减当年。

1996年，马继宝在怀柔商业街卖了两年儿童玩具。

1997年，马继宝与村里的朱武瑞、王勤、王兵廷一同承包水库。由于挣钱心切，在水库撒的鱼苗太多，鱼群缺氧，大面积死亡，赔了钱。

1998年，马继宝回到村里，组建装修队，开始承接建筑工程、民居建设，一直到今天。马继宝给村民或租户装修过房子，也参与过水库边的别墅"驭水山居"及村里的河道路桥建设。

搞建筑装修20多年下来，马继宝生活有所改变，但还不能算是村里的成功人士；家里也盖了新房子，但还不是村里最好的楼房；也没买车，出门还要打车，没有派头。

马继宝尽管有当村委会主任的爱妻张淑菊为他算账，当贤内助，但感觉他还是不善于算计和经营。难怪村里的企业家姜国华大姐，提醒马继宝要转型了。但马继宝今年仍在村里给几户人家盖新楼，可见马继宝还是离不开建筑业。

我对他说，都说工程最挣钱，至少对半。他说，并不是想象的那样，现在人工成本太高，我没有拖欠工人一分钱工资，所以工人跟着我有20多年，干得踏实，我也活得自在。我调侃他，你是不是在唱杜甫的《茅屋为秋风所破歌》："安得广厦千万间，大庇天下寒士俱欢颜，风雨不动安如山。"

马继宝善交朋友，讲义气。性格也是刚柔相济，能忍自安。虽谈不上是村里的叱咤风云的人物，也是所谓"王不见王"的老大。

说起文化，过去识字不多的马继宝近年开始识字，和手机学，和字典学，遇见老师也学。有些生僻字，他也反复描红。他平日还参与一个老年音乐队，在里面吹口琴、扒拉两下吉他，经常在村里宴请乐队成员。

马继宝热衷收藏书画家的作品，喜欢交往文化名人。我看不出他的目的性，但可以看见写在他脸上的快乐。其实，攀附文化，尽管是一种虚荣，也算是精神追求。

马继宝可以讲出多次救人的故事，在水库奋勇救落水的小孩，协助打捞落水的尸体；在村外的铁路桥桥下施救撞车的伤员，背着上医院；最近，有一家游客在书画山迷路，马继宝当时正在饭桌上，他立刻离席奔赴现场，在漆黑的山上寻找蛛丝马迹，山上有野猪和蛇，也有陡峭的山壁，他终于赶在消防救援到来的前面，抱着孩子、领着老人下山来，老人感恩地要给他下跪。

马继宝的女儿已经结婚，女婿在顺义交通队上班，年纪轻轻的他已经当上了姥爷，他经常雇车去顺义看女儿。他的儿子在丹东当兵，非常孝顺。儿子春节回家探亲时发现父亲变了，身边总有文化人。

入夏，马继宝在自己的树园子请朋友吃饭，在老式的石碾子上，摆上土锅灶的炖鱼，自家园子里的南瓜和玉米也已变成热气腾腾的美食。看着淡然的马继宝，我想起他说过的一句话："中国的钱有的是，谁也挣不完。"

附：带水焊接方法

水下焊可分为湿法焊、干法焊和局部干法焊 3 类。

一、湿法焊

直接在水中进行焊接。主要采用手工电弧焊。水下焊焊条药皮外表涂防水层，在熔化过程中放出大量气体排开焊接电弧周围的水使焊接过程稳定。水下电弧气中含氢量高，水对焊接接头的冷却作用剧烈，接头容易产生硬脆现象和氢裂。在一般情况下接头强度和塑性分别约为陆上焊接时的 80% 和 50%，只适用于水中非受力金属结构件的安装、维修和应急修补。

二、干法焊

把焊接部位和焊工密封在一个排除水的压力舱内，在气相环境中进行焊接。干法焊接分为高压干法焊接和大气压干法焊接。主要使用手工电弧焊、钨及惰性气体保护电弧焊。接头性能可与陆地焊接接头性能相等。水下干法焊因设备复杂、造价昂贵，并受工件形状和尺寸限制，一般只限于高质量构件的焊接。

三、局部干法焊

主要采用气体保护半自动焊，在焊接部位进行排水，造成一个局部气相区，使焊接过程稳定。局部干法焊接的接头质量优于湿法焊接，且不需要大型设施，适应性也较强。

1. 焊接技术主要应用在金属母材上，常用的有电弧焊、氩弧焊、CO_2 保护焊、氧气 - 乙炔焊、激光焊接、电渣压力焊等，塑料等非金属材料亦可进行焊接。金属焊接方法有 40 种以上，主要分为熔焊、压焊和钎焊三大类。

2. 熔焊是在焊接过程中将工件接口加热至熔化状态，不加压力完成焊接的方法。熔焊时，热源将待焊两工件接口处迅速加热熔化，形成熔池。熔池随热源向前移动，冷却后形成连续焊缝而将两工件连接成为一体。

3. 压焊是在加压条件下，使两工件在固态下实现原子间结合，又称固态焊接。常用的压焊工艺是电阻对焊，当电流通过两工件的连接端时，该处因电阻很大而温度上升，当加热至塑性状态时，在轴向压力作用下连接成为一体。

马继宝在民宿
建筑工地

长鞭哎那个
一呀甩吧

职业：赶大车　　姓名：王书林　　性别：男

年龄：六十四岁　　民族：汉族　　学历：初中

采访地点：北京市怀柔区桥梓镇新王峪村四十号

采访时间：二〇二二年九月十五日

从新王峪村出来，有一条道路穿过平义分村，可达桥梓镇。该道是昌怀古道，将当年驿站平义分村一分为二。道路东西两侧各有一棵古槐，据说是刚建村时栽种的，树龄 700 年以上。村东的那棵大槐树高约 15 米，据说是当年拍摄电影《青松岭》的取景地。

《青松岭》讲的是北方某山区青松岭生产大队，秀梅和几个年轻人热心学习赶车，而车把式钱广怀恨在心，在辕马跑得满身是汗时，故意给马饮水，结果马病了，他把责任推到秀梅身上。爱马如子的万山大叔精心喂养病马，终于把马治好了，不仅帮助年轻人学会了赶车，而且教育他们要树立为革命赶车的思想。一天，张万山批评钱广给人带私货损害集体的行为，钱广便摔鞭不干，并以此要挟。张万山不顾自己的寒腿病，夺下钱广的鞭子亲自赶车进城送货。不料，刚出村口马又惊了。惊马的地方与上次秀梅赶车惊马的地方相同，又是在村口大槐树下。支部书记方纪云和万山大叔感到十分可疑，经过仔细调查，发现是钱广为了把持车把式的工作进行投机倒把，故意把牲口训练出"三鞭子"的习惯，大车走到大槐树下不打三鞭子，牲口就要惊车。钱广的阴谋被识破了，经调查证实他还是个逃亡的富农分子。

经过这场斗争，秀梅等青年学会了赶车，掌握了鞭子。电影中的一句台词"钱广赶大车，给我捎点儿货"，成为当时流行的顺口溜，而主题曲更是脍炙人口：

> 长鞭哎那个一呀甩吔，叭叭地响哎
>
> 哎咳依呀，赶起那个大车出了庄哎哎咳哟
>
> 劈开那个重重雾哇，闯过那个道道梁哎
>
> 哎哎咳咳依呀哎哎咳咳依呀，哎哎咳咳依呀哎哎咳呀
>
> 要问大车哪里去吔，沿着社会主义大道奔前方

前些天，在村委会门口我遇见了王书林，他说，你也采访采访我，我当年是赶大车的。这还是村里第一位主动要我采访的。他整天开着"三蹦子"，在村里奔波，我每次见他都是他在车上，因此一直不知道他是一个腿有残疾的人。

王书林的王姓和王家峪的王并没关系。他祖上是顺义东石槽人。家

境贫穷，王书林的爷爷奶奶死得早，他父亲王久印8岁就成了孤儿，随着嫁到上王峪村吕家的姑姑，到了这里。从小扛活，生活依旧困苦，成分是贫雇农。成年后，娶了二婚的朱吾瑞，她来自一渡河的黄坎，当时还带着两个孩子。后来，他们又生了一男一女。

1947年，王久印参军南下，随四野打到了越南边界，参加了解放广西的战役。1955年转业，回到王家峪村务农。当时，他有机会到工厂工作，但他想，挣工资也养不起家里的一堆孩子，还不如种地，让孩子有饭吃。为了多种粮，王久印在村里开垦了不少荒地。

1958年，王书林出生。7岁那年的冬天，他在村里的沙土堆下玩儿，他挖了一个大洞，发生塌陷，他被埋在里边，差点儿丧命。由于沙子被冻，加大了重量，加之医治贻误，王书林的腿被砸伤，从小成了残疾。

王书林在村里上的小学，在沙峪口读了初中。

1974年，他回到村里，王书林的路当然不是平坦之途，他摇晃着身子，就像风中的玉米秆，吹落多少生命的欲望。

虽然农活儿他拿得起来，但毕竟扛不起重担。转眼25岁了，娶不上媳妇，他也不凑合。

1983年，他看上了大队的赶大车活计。其实他是看上了赶大车可以拿补助，吃点儿好的。村干部不相信他能赶大车，可怜他是残疾人，同意让他试试。三个月过去，他长鞭哎那个一呀甩，还真叭叭地响，上车下车，腿脚麻利。见状大队就向他发放了赶大车驾驶证，当时村里有三位赶大车的。

他父亲为照顾他，亲自负责马匹饲养，四匹马精神抖擞，扬眉吐气。

大车除了负责运输砂石建材，还有就是粮食、水果。春天耕种，负责拉犁。那时，赶大车的还要自己负责装车，可想而知，王书林付出的体能多大。为了多赚提成，他一车装1200块砖，比别人多装200块。

赶大车进城，遇见立交桥、红绿灯，马头痛，他也头痛。有一次在呼家楼，遇见十字路口红灯，马车没刹住，被交警拦住，罚款两元三角，他身上就有2元钱，还要回程吃饭。他说，要不把马车交给警察，明天再来取。天色渐晚，警察只好放了他。

有时回程的路，洒满星月之光，他疲惫地躺在车上，老马识途，把他带回村里。那重复的铃铛声，敲打着寂寞的夜空。

他一共干了5年赶大车的活儿,头两年是为大队,后三年是自己承包。最后,大队彻底解体,马车交回了大队。

1987年,因为修建铁路,他办理了农转非,但没有接收单位要他。通过朋友介绍,他来到鼓楼小学校办工厂制作打包带。因为手艺突出,先后在酒仙桥、西三旗等地传授业务。

1995年,他在怀柔开发区残疾人工厂学习机械维修、电气焊,后在铝制品厂担任车间主任,管理一百多人。

2003年,王书林回到新王峪村,负责公路养护及老人、残疾人慈善工作。近年在村委会主要负责卫生、消防、水电工作。2020年以来,主要负责防疫工作。

王书林属于身残志不残的代表,有着强烈的管理天才,大大小小的事认真负责,心明眼亮,精力充沛。我见他每天早上驱车在村里巡视卫生,有时大声呵斥有碍卫生的行为。个子不高的他,坐在车里,气场大开。

王书林生活虽不如意,在房子等问题上有一些纠纷,但他能够面对,没有放弃对生活的追求标准,尽管婚姻来得比较晚。

2014年,他与一东北离异的妇女在村里举办了婚礼。但3年后,女人走了。其实,他们并没有办理结婚手续。

2018年,经人介绍,他与怀柔雁栖湖西庄村的离异女士结婚,这次是明媒正娶,夫妻生活红火,新妻子总是面带笑容,阳光灿烂。她有一个女儿,已经成家。早年在人民大会堂当过会计,现在丰台环卫局工作。

女儿让王书林引以为豪,他晒幸福般表示,比亲生的还要孝顺。她出资为王书林盖了新房子,计划来年再加盖二层楼。

附:赶大车技巧

一、对马匹的选择

首先要熟悉马的秉性和特点,检查马匹的健康状况。根据路程的远近,规定使用服役定额、间歇时间;根据马匹本身特点,如年龄、性别、状态、膘情确定使用服役定额;根据马匹对役作的熟练程度来确定役力。公马、带驹母马及怀孕后期的母马,最好不用来作长途运输使役。

二、检查马车及套具

发现问题及时调整马匹、套具，保障马具大小适宜。仔细查验车辆的轮胎和轴承，及时充气加油。同时，还要带上打气筒及有关修车的工具和材料，以免发生意外时，束手无策。

三、驾驭马车的技巧

驾马车跟开车一样，也要把它看成有挡位的，不能把马缰绳拉得太紧，同时也不能太松，因为太紧的话马会感到疼痛，太松的话马会乱踢乱跑。这两种情况，都会导致马的失控。在驾驭的过程中，对马缰绳的控制力要适中，不能让马感到疼痛，同时也让马意识到有主人控制着它。

四、 赶马车的口令及甩鞭子技巧

赶马车的口令主要是"驾、驭、喔、歪"。因为各地方言不同，发音有差异，但概念相同。这些口令要和鞭子结合使用。"得儿驾"时，用鞭子打一个空响，是让牲口走起来。微调口令，"靠"是让马车靠路边走。有时候路边长满野草，牲口会被诱惑而停下来，喊上一声"驾"，抽一下牲口尾巴或打个空响，继续往前走。想让马车拐弯，喊"歪呀歪"，然后用鞭子抽马脖子的左侧，就是向右转；用鞭子抽马脖子右侧，这是向左转，总之让马车拐弯的方向和马鞭抽的方向相反。让马车停下来，喊一声"驭"长音，拉紧缰绳，或搬动削尖一头的木棍制作的手动闸。要马车跑得快，就"驾、驾驾"喊上几声，然后用鞭子抽马尾巴，节奏要快，带动马车跑起来。

五、马鞭制作方法

从制作材料来看，制作马鞭子的杆儿，大多是以牛骨头为原材料，牛骨头当然要选择上好的骨头，还要经过传统手工工艺的加工制作——先要用开水反复煮，去除骨头内外的油脂，防止以后生蛀虫。再根据长短不同的需求断开、打磨、掏孔、抛光、雕刻。这是传统的马鞭杆儿的做法，如果上讲究的，要用红木、紫檀甚至银质材料制作。雕刻也格外精致，图案复杂多变，在制作一些作为收藏品用的马鞭时，那就要其他材料制作鞭杆儿，通常是用一种专门的石头制作马鞭杆儿，当然也要进行打磨、掏孔、穿环儿，还要雕刻。其余如名贵的红木、紫檀、白根檀等材料，也会用来制作马鞭子的鞭杆儿。普通赶大车的鞭子杆是用毛竹经热水煮后，3 根或 4 根拧在一起。用一些材料好的牛皮条，经过编织来作鞭条。鞭子头加上彩色布条或红缨子。

王书林现在赶不
了大车，开上了
电动车

上王峪村村景

《北京市怀柔县地名志》	编委会编，北京出版社，1993 年 10 月第 1 版
《北京百科全书怀柔卷》	编委会编，奥林匹克出版社，北京出版社，2001 年 8 月第 1 版
《怀柔县志》	编委会编，北京出版社，2000 年 1 月第 1 版
《北京市怀柔区志》	编委会编，北京出版集团公司，北京出版社，2017 年 11 月第 1 版
《怀柔桥梓镇志》	编委会编，内刊，2014 年 4 月印刷
《怀柔百村史话》	第一集，政协北京市怀柔区文史资料委员会，内刊 2010 年 8 月印刷
《怀柔百村史话》	第二集，政协北京市怀柔区文史资料委员会，内刊 2011 年 11 月印刷
《怀柔百村史话》	第三集，政协北京市怀柔区文史资料委员会，内刊 2014 年 10 月印刷
《怀柔百村史话》	第四集，政协北京市怀柔区文史资料委员会，内刊 2016 年 12 月印刷
《怀柔文史钩沉》	王宝骏著，内刊，2002 年 1 月印刷
《怀柔文史钩沉》	续编，王宝骏著，内刊，2009 年 6 月印刷
《怀柔文史钩沉》	第三辑，王宝骏著，内刊，2017 年 10 月印刷
《中国农学史》（初稿）	中国农业遗产研究室编著，科学出版社，1959 年 12 月第 1 版
《怀柔县农业合作化大事记》（初稿）	怀柔县农村工作部编，内刊，1988 年 4 月印刷
《怀柔县综合农业区划》（合订本）	怀柔县农业区划办公室编，内刊，1983 年 10 月印刷
《怀柔县野生经济植物资源调查报告》	怀柔县农业区划办公室编，内刊，1988 年 12 月印刷
《怀柔县土地类型研究和农业生产建设方针的探讨》	怀柔县农业区划办公室，北京大学地理系编，内刊，1981 年 12 月印刷
《怀柔县农业气候资源区划》	怀柔县气象科，内刊，1981 年印刷
《农业》	［英］保罗·布拉斯利、理查德·索费著，译林出版社，2022 年 7 月第 1 版
《农业生产技术基本知识》（上下）	中华人民共和国农业部主编，农业出版社，1963 年 10 月第 1 版
《乡土中国》	费孝通著，上海世纪出版集团，2007 年 8 月第 1 版
《中国内地的农村》	费孝通著，华东师范大学出版社，2020 年 11 月第 1 版
《华北的农村》	齐如山著，辽宁教育出版社，2007 年 7 月第 1 版
《四千年农夫——中国、朝鲜和日本的永续农业》	［美］富兰克林·H. 金著，东方出版社，2016 年 12 月第 1 版

参考书目

《碌碌有为》	王笛著，中信出版集团，2022 年 9 月第 1 版
《乡村与城市》	［英］雷蒙·威廉斯著，商务印书馆，2013 年 6 月第 1 版
《塔鱼浜自然史》	邹汉明著，中信出版集团，2021 年 6 月第 1 版
《农学思想史》	杨直民编著，湖南教育出版社，2006 年 4 月第 1 版
《中国传统农具》	胡泽学主编，中国经济出版社，2010 年 10 月第 1 版
《齐民要术译注》	（北朝）贾思勰著，缪启愉、缪桂龙译注，上海古籍出版社，2009 年 3 月第 1 版
《东鲁王氏农书译注》	（元）王祯著，缪启愉、缪桂龙译注，上海古籍出版社，2008 年 6 月第 1 版
《农耕图》	焦秉贞著，浙江人民美术出版社，2016 年 9 月第 1 版
《蚕织图》	焦秉贞著，浙江人民美术出版社，2016 年 9 月第 1 版
《中国古代农业科技史图说》	中国农业博物馆农史研究室编，农业出版社，1989 年 9 月第 1 版
《中国古代农业科技史图谱》	陈文华编，农业出版社，1991 年 12 月第 1 版
《考工记图说》	戴吾三编著，山东画报出版社，2003 年 1 月第 1 版
《梓人遗制图说》	薛景石著，山东画报出版社，2006 年 1 月第 1 版
《长物志图说》	文震亨著，山东画报出版社，2004 年 5 月第 1 版
《中国农具史纲暨图谱》	周昕著，中国建材工业出版社，1998 年 11 月第 1 版
《天工开物古今图说》	潘伟著，广西师范大学出版社，2011 年 2 月第 1 版
《中国农史稿》	唐启宇编著，农业出版社，1985 年 5 月第 1 版
《农政全书》	（明）徐光启著，中华书局，1956 年 12 月第 1 版
《农政全书校注》	（明）徐光启著，石声汉校注，上海古籍出版社，1979 年 9 月第 1 版
《农政全书校注》	（明）徐光启著，石声汉校注，石定枎订补，中华书局，2020 年 5 月第 1 版

后记

高星

我是 2021 年 10 月搬到新王峪村居住的。2022 年 5 月，经住在村里的蔡丹介绍，我采访了来自丰宁的养蜂人。接着又陆续采访了种菜、种水果、种粮等的村民，到 2022 年 9 月，已采访了近 30 位乡村手艺人。

一开始，我是想以新王峪村为单元，但在实际操作时发现，只以一个村子为单位采访丰富的手工艺人，是非常不现实的，尽管村子里每一个人都有故事，但我这个不是村民田野调查，只是围绕手艺人的采访。因此，每个采访对象，都要有一种身份。受各种因素的影响，一些手艺总会在不大的村子里流失，新王峪村仅保留几种手艺，如种水稻、种棉花、种蘑菇、磨豆腐、织布、养蚕等。

于是，我将采访范围扩大到上王峪村，因为以前他们就是一个村子，距离也近，有着这样那样剪不断的关系。

就是这样，在这 32 位手艺人中，也有来自丰宁的手艺人，因为地理位置邻近，丰宁人在此村生活、劳作，已是一种传统，就像村里的媳妇，有许多来自丰宁。还有几位来自外地的人，在此经营，在此劳作，但他们有相当时间居住在村里或住在附近，如采药的来自平义分村。

总的来说，新王峪村 18 位，上王峪村 9 位，来自其他地区 5 位。

具体到采访时，我又发现，许多手艺人存在比较集中，有的人身怀好几样技艺，有的家庭存在多种手艺。其实，这也自然，手艺本来也是不分割的，也是需要共同的氛围的。加上村民家族血缘比较近这一客观原因。因此，保留手艺的人，都会连带一些别的手艺。

在我采访的 32 位手艺人中，父子一对；夫妻四对；叔伯兄弟18人。亲戚关系应该更多。

我参照1963年农业出版社出版的《农业生产技术基本知识》一书所列目录顺序，栽培部分水稻没有，麦类选择了小麦，杂粮选择了玉米；薯类选择了红薯；棉花没有；麻类没有；油类选择了花生；糖类没有；烟草选择了烟叶；蔬菜；果树；茶树没有；养殖选择了马、驴、猪、羊、禽类选择了鸡；蚕没有；蜂；鱼。

还有其他农艺、手工艺人，共计32位。

我于2004年出版了《中国乡土手工艺》一书，2006年出版了该书的续编，2013年出版了该书第三辑。如今，在网上还有相关的百度条目和豆瓣评论，可见其有一定的影响。有评论指出本书的特点：在浮光掠影中，触摸着手工的本质，但有些粗糙。读者说得对，我的不足和特点就体现在此。同样，本书依然如此。

正如读者指出："手工"还是"手工艺"，这两种称呼在本书中并无区别。书里有不少工艺性很强的技艺，比如打造银饰、制蜡染、刻印木版年画等。而更多的则是腌火腿、酿黄酒、饧发花馍，以及木匠、皮匠、毛毛匠，这些与物质生活休戚相关的、强调手工性的技艺和行当。这也体现出作者的一种态度，有别于以往人们印象中被局限于工艺品的"手艺"，作者强调的是"手工就是从手出发"，那种手工思想与诗性、艺术性在本质上的相通。当时买得一咬牙。深爱。

这位读者是在当地一个叫作"青藤"的独立书店购买的。这让我想起来，有一年，我在青岛学苑书店闲逛，店中当时无人，老板在屋角玩电脑，我在书架上看见了我的《中国乡土手工艺》一书，虚荣心驱使，我问老板：这书还有多少？老板冷冷地回：你买不买?!我一时无语，悻悻地出门去了。后来，通过参加青岛活动，我和书店老板张亚林成为朋友。

这个逸事，折射出了手工艺人的现状特色。

在本书写作过程中，得到了蔡丹摄影的帮助；得到了马继宝、王刚廷、王文华等介绍采访的帮助。深表感谢！

图书在版编目（CIP）数据

乡村造物者：新王峪、上王峪村手工艺人纪事 / 高
星著. -- 北京：中国华侨出版社，2024.2
 ISBN 978-7-5113-9050-9

 Ⅰ.①乡… Ⅱ.①高… Ⅲ.①手工业者—访问记—怀
柔区—现代 Ⅳ.①K828.1

中国版本图书馆 CIP 数据核字（2023）第 146599 号

乡村造物者：新王峪、上王峪村手工艺人纪事

著　　者：高　星
责任编辑：桑梦娟
封面设计：谢文跃
经　　销：新华书店
开　　本：710 毫米 × 1000 毫米　1/16 开　　印张：18.25　　字数：210 千字
印　　刷：北京鑫益晖印刷有限公司
版　　次：2024 年 2 月第 1 版
印　　次：2024 年 2 月第 1 次印刷
书　　号：ISBN 978-7-5113-9050-9
定　　价：89.80 元

中国华侨出版社　　北京市朝阳区西坝河东里77号楼底商5号　　邮编：100028
编辑部：（010）64443056-8013　　传　真：（010）64439708
网　　址：www.oveaschin.com　　E-mail: oveaschin@sina.com